गुरु नानक वाणी

गुरु नानक वाणी

संपादक
भाई जोध सिंह

हिन्दी रुपान्तरकार
डॉ. हरिभजन सिंह

nbt.india
एकः सूते सकलम्
राष्ट्रीय पुस्तक न्यास, भारत
NATIONAL BOOK TRUST, INDIA

ISBN 978-81-237-8832-6

पहला संस्करण : 1971
पहला संशोधित संस्करण : 2019 (*शक* 1941)

Guru Nanak Wani (*Hindi*)
₹ 220.00
निदेशक, राष्ट्रीय पुस्तक न्यास, भारत
नेहरू भवन 5, वसंत कुंज इंस्टीट्यूशनल एरिया, फेज-2, वसंत कुंज,
नई दिल्ली–110070 द्वारा प्रकाशित
Website: www.nbtindia.gov.in

विषय सूची

प्राक्कथन

पाँच सौ वर्ष पूर्व पंजाब की धरती पर एक महापुरुष अवतरित हुए। महामानव वे दिव्य पुरुष के समान पूज्य समझे जाते हैं। वे अपने आप को दास, दरवेश, अथवा अधिकाधिक 'शायर' कहकर प्रसन्न थे। इन महामानव ने तत्कालीन यातायात की सभी कठिनाइयों को चुनौती देते हुए उत्तर में हिमश्रृङ्ग, दक्षिण में लंका, पूर्व में आसाम और पश्चिम में सीमांत प्रदेश की अन्तिम सीमाओं तक देशाटन किया। वे जहाँ जाते वहीं की वेशभूषा ग्रहण कर लेते, बातचीत भी उसी प्रदेश की भाषा में करते। अपने देश से परे वे मक्का, मदीना और बगदाद तक पहुँचे। उनकी वाणी में संस्कृत, फारसी एवं अन्य उपभाषाओं की पुष्टि स्पष्टतः परिलक्षित होती है। जब वे दिवंगत हुए तो हिन्दुओं ने इन्हें अपना गुरु बताया और अपनी रीति-रिवाज के अनुसार दाह-संस्कार करना चाहा तथा मुसलमानों ने उन्हें अपना पीर समझा और अपनी रीति-नीति के अनुसार उन्हें दफन करना चाहा। उन्हीं महापुरुष की पंचम जन्म-शति के अवसर पर भारत सरकार के शिक्षा एवं युवक सेवाओं के मंत्रालय ने निर्णय किया कि, उनकी वाणी का एक संकलन तैयार किया जाए और उसे अपने देश की सभी प्रमुख भाषाओं में प्रकाशित किया जाए। आधुनिक भारत की सर्वाधिक महत्वपूर्ण आवश्यकता है—राष्ट्रीय एकीकरण। गुरु नानक देव का जीवन राष्ट्रीय एकता का अनुक्रम उदाहरण है। हमें विश्वास है, कि गुरु नानक वाणी से सभी भारतीयों में एकता की भावना सुदृढ़ होगी।

हम भाई जोध सिंह के कृतज्ञ हैं, जिन्होंने नेशनल बुक ट्रस्ट के अनुरोध पर गुरु नानक वाणी का यह संकलन तैयार किया।

14-2-71
नई दिल्ली

—**डॉ. सुकन्या दत्ता**

निवेदन

गुरुवाणी के प्रस्तुत संकलन में गुरु नानक देव की वाणी विभिन्न शीर्षकों के अन्तर्गत अंकित की गई है। और उसके धार्मिक, सांस्कृतिक, सामाजिक एवं नैतिक विचारों और सिद्धान्तों को प्रकट करने का प्रयास किया गया है। इन विचारों और सिद्धान्तों का समुचित मूल्यांकन करने के लिए यह आवश्यक है कि हम तत्कालीन पंजाब के उपरोक्त चारों क्षेत्रों की स्थिति से भली-भाँति परिचित हों। भारतवर्ष का यह भाग इसलिए महत्त्वपूण र्ण है कि वेदमंत्रों का स्वर प्रथमतः यहीं गूंजा था। शब्दों का शुद्ध उच्चारण सीखने के लिए स्नातगण इसी भू-भाग के आश्रमों में आया करते थे। संस्कृत भाषा का शीर्षस्थ वैण—पारिगनी—इसी भू-भाग में जन्मा और उसका पालन-पोषण भी यहीं हुआ। पुनः बौद्ध धर्म भी दीर्घकाल तक इसी क्षेत्र में पल्लवित हुआ और अपने चरमोत्कर्ष तक पहुँचा। तक्षशिला की विद्यापीठ इसी क्षेत्र में स्थित थी। किन्तु गुरु नानक के अवतरण के समय बौद्ध धर्म भी प्रायः समाप्त हो चुका था, ब्राह्मारात्त्व प्रधान था। जैन-धर्मावलम्बी अवश्य किसी-किसी नगर में रहते थे, किन्तु वे हिन्दू समाज का एक अंग बन चुके थे। दो ही धर्म बहुसंख्या में थे, हिन्दू एवं इस्लाम। गोरखपंथी कनफटे योगियों का सामान्य जनता, हिन्दू और मुसलमान दोनों, पर पर्याप्त प्रभाव था। लोगों का विश्वास था, कि उनके पास सिद्धियाँ अर्थात् चमत्कारक शक्तियाँ हैं। यन्त्र, मन्त्र व तन्त्र विद्या के कारण योगियों की तत्कालीन जनता में विशिष्ट महत्ता थी। योगियों के वरदान द्वारा समृद्धि प्राप्त करने की इच्छा से प्रलुब्ध अथवा शाप की सम्भावना से भयभीत लोग उनकी सेवा-सुश्रूषा करते, और कभी-कभी उन्हें गुरु स्वीकार कर लेते थे। मुसलमान व हिन्दू दोनों धर्मों के लोग इस पंथ में दीक्षित कर लिए जाते थे। पूरण व राँझे का इस मत को स्वीकार करना इसी बात का प्रमाण है।

हिन्दू न केवल चार वण में ही विभाजित थे, वरन् ब्राह्माण, क्षत्रिय, वैश्य एवं शूद्र स्वयं भी कई जातियों में विभाजित थे। एक ही वण की उपजातियों में भी उच्च व निम्न का भेद फैल गया था। इन चारों वर्णों से भी पृथक एक श्रेणी चाण्डालों की थी, जिनका स्पर्श

मात्र भी अपवित्रता का घोतक था। आधुनिक हिन्दू चिन्तक यद्यपि जातिवाद के विरुद्ध हैं किन्तु वे भी वर्ण-व्यवस्था का अनुमोदन ही करते हैं। "मनुष्य कोई निरपेक्ष व्यक्ति नहीं। समाज में अपने चरित्र, आचरण एवं कर्म के अनुसार वह किसी-न-किसी सामाजिक समूह से सम्बन्धित रहता है। यदि समाज के चतुवर्ण विभाजन को ईश्वरीय विधान अथवा आत्मिक व्यवस्था मान लें तो इसका भाव यह है, कि आत्मिक विवेक, सम्पादन क्षमता, उत्पादन-कौशल और सेवा-परायणता किसी भी सामाजिक व्यवस्था के अनिवार्य अंग है। विचारशील विद्वानों का काम है सामाजिक व्यवस्था के लिए योजनाएँ तैयार करना। समाज का शक्तिशाली"

अंग ऐसी योजनाओं का अनुमोदन करता है अर्थात् उन्हें सबल, साधिकार रूप से पुष्ट करता है; कुशल कारीगर उनका सम्पादन करते हैं अथवा सेवाधर्मी कारीगरों की सहायता से उन्हें व्यवहारिक रूप देते हैं।"[1] आगे चलकर इसी युक्ति पर बल देते हुए पुनः लिखा है, "क्योंकि व्यक्ति समाज की उपज है, अतः समाज एक आवश्यक उपाय है जिसके द्वारा उसका व्यक्तित्व विकसित हो सकता है। समाज में उसके लिए सुरक्षित स्थान का होना आवश्यक है ताकि वह इससे अधिकाधिक सहायता प्राप्त कर सके। अपनी रूचि के अनुसार व्यक्ति चार वर्गों में आबद्ध हो जाता है; विद्वान् और ज्ञानवान, शक्तिशाली व क्रियाशील, सुशिक्षित कारीगर तथा श्रमिक। मनुष्य की क्रियाशील रूचि के अनुसार उभरे हुए अंश अपना वर्ग स्वयं ही निश्चित कर लेते हैं।"[2]

जब हिन्दुओं का राज्य इस देश में था, यह व्यवस्था, सम्भवतः, सुचारु, रूप से चलती रही जिसके अनुसार व्यक्ति अपने चरित्र, आचरण एवं कर्म के अनुसार वर्ग का चयन कर सकता था और उसे बदल भी सकता था। परन्तु जब आबादी बढ़ती गई, प्रत्येक व्यक्ति का चरित्र, आचरण एवं कर्म परखना असम्भव हो गया तब वर्ग जन्मना ही निश्चित होने लगा। ब्राह्मणों के घर में जन्मा ब्राह्मण, भले ही उसके आचरण व कर्मों में ब्राह्मणत्व का लेशमात्र भी न हो। जैसे-जैसे समय बीतता गया उच्चवण अपने अधिकारों के प्रति दृढ़ होते गए और अपने कर्त्तव्यों को भूलते गए। अपने पद को अविचल बनाए रखने के लिए उन्होंने आवागमन सिद्धान्त के आधार पर एक युक्ति का निर्मारग किया। हर एक आत्मा का पुनर्जन्म उसके जन्म की रुचियों के अनुसार उसी वर्ग में होता है जिसके वह योग्य हो। इस कारण व्यक्ति जिस वर्ग में जन्मा है, उसी की निर्धारित मर्यादानुसार चलकर उसकी आत्मा विकास कर सकती है। किन्तु यह युक्ति मान्य प्रतीत नहीं होती। इसके अनुसार ब्राह्मण

---

1. *"Eastern Religious and Western Thought"* by Prof. Radhakrishanan, II Edition, P. 356.
2. *वही, पृष्ठ 357।*
3. *वही, पृष्ठ 362*

वर्ण में जन्में सभी लोग त्यागशील, विद्याप्रेमी और ज्ञान के भण्डार होते और शूद्रों में कोई भी भक्त पैदा न होता। किन्तु घटनाएँ इससे नितान्त विपरीत घटित हुई हैं।

इस विभाजन से हिन्दू समाज में एक ओर दोष उत्पन्न हुआ। वर्ण धर्मानुसार केवल क्षत्रिय ही अस्त्र-शस्त्रधारी रह गए। किसी भी समाज में कारीगरों व श्रमिकों की संख्या सैनिकों से कहीं अधिक रहती है। परिणामत; देश की रक्षा के लिए बहुत थोड़े लोग ही रह गए। एक और दुष्परिणाम यह हुआ कि "राज्य का कार्य विधान और देश की रक्षा तक सीमित रहा। लोगों को स्वतन्त्रता थी कि वे अपने झगड़े परम्परागत नियमों और रिवाजों के अनुसार निपटाते रहें। उन्हें इस बात की चिन्ता नहीं थी कि शासक कौन है, जब तक कि उनके जीवन में किसी प्रकार का हस्तक्षेप न हो। एक राजध्वजा उतनी ही अच्छी थी जितनी दूसरी–वशर्ते कि लोकजीवन यथापूर्व प्रवाहशील रहे। इस रवैये का परिणाम यह हुआ कि देश विदेशी आक्रमणकारियों का शिकार बन गया[3]।"

किन्तु जब मुसलमान आक्रमणकारियों ने देश पर विजय प्राप्त करके भारतवर्ष पर अपना राज्य स्थापित कर लिया तो हिन्दुओं के लिए एक और समस्या उपस्थित हो गई।

"इस पुरातन भारतीय अर्थात् हिन्दू जगत् में दो विघटनकारी अंश घुस आए जिनकी आदर्शगामी पृष्ठभूमि समान थी–इनमें से दूसरे ने भारतीय चिन्तन और जीवन को बहुत परिवर्तित किया। ये थे अरब के लोग जिन्होंने आठवीं शताब्दी के आरम्भ में सिंध प्रान्त पर विजय प्राप्त की और तुर्क जिन्होंने अफगानिस्तान से लूट-मार द्वारा आक्रमरग प्रायः दसवीं शताब्दी के मध्य से प्रारम्भ कर दिए। अफगानिस्तान पहला हिन्दू-भू-भाग था जो भारत से छीना गया। तुर्की ने पंजाब प्रान्त को बारहवीं शताब्दी के आरम्भ में जीत लिया। तभी से पंजाब इस्लाम के प्रभाव-क्षेत्र में आ गया। तेरहवीं शताब्दी तक उन्होंने उत्तरी भारत और पश्चिमी बंगाल तक अपना आधिपत्य स्थापित कर लिया और दिल्ली को केन्द्र बनाकर इस भाग पर स्थाई इस्लामी शासन की स्थापना कर ली। उनका साम्राज्य अठारहवीं शताब्दी के मध्य तक शक्तिशाली और प्रभावशील रहा। अरब और तुर्क दोनों को सर्वाधिक शक्ति इस्लाम से मिली; और इस्लाम भारत में हिन्दू-भावना और संस्कृति के प्रति, जिसका ज्ञान उसे अंश मात्र ही था, अत्यन्त असहिष्णु था।

ईश्वर की ओर से भेजे गए इस विशाल मिशन का उद्देश्य था कि काफर हिन्दुस्तान को पैगम्बर साहिब द्वारा प्रचारित सच्चे मज़हब के अन्तर्गत लाया जाए। इस प्रकार कृतनिश्चय होकर इस्लाम ने भारत में प्रवेश किया। इसका लक्ष्य था तबाही मचाना और तबाह हो चुकी वस्तु का स्थान ग्रहण करना। किसी रिक्ति की पूर्ति इसका लक्ष्य न था। इसके अनुयायियों ने हिन्दुओं को जीता ही नहीं लूटा भी, इस प्रकार कुछ आर्थिक लाभ प्राप्त किए। खुदाई मुजाहिदों के रूप में वे काफरों के विरुद्ध लड़ रहे थे; इस प्रकार वे आध्यात्मिक फल के

---

1. *'हिन्दुस्तानी संस्कृति', पृष्ठ 54-55*

अधिकारी थे। आर्थिक एवं आध्यात्मिक लाभ एक दूसरे में रसबस गए। उन्होंने तुर्की ढंग से विजय प्राप्त की, कत्ल किए, लूट-खसोट की और धर्म परिवर्तन का आन्दोलन चलाया, भारतीय सभ्यता एवं इस्लाम के बीच इस टकराव के काररग कुछ समय के लिए अत्यंत संकटमय स्थिति उत्पन्न हो गई।"

विद्वान् लेखकों ने यह माना है कि अरबों और तुर्कों को शक्ति, इस्लाम से मिली और ऐतिहासिक तौर पर यह ठीक भी है। इस्लाम के प्रचार से पहले अरब लोग अलग-अलग कबीलों में विभक्त थे, जो आपस में ही लड़ते रहते थे। इस्लाम ने उन्हें विभिन्न मूर्तियों की पूजा से छुड़वाकर एक-खुदा की परस्तिश की ओर प्रेरित किया और सभी मनुष्यों को भाई समझने के लिए कहा। इस उमूल को व्यवहार में लाकर अरब लोग एक शक्तिशाली कौम बन जाने में सफल हुए।

फिर हिन्दू संस्कृति ने जो हिमालय से लेकर कन्याकुमारी तक और सोमनाथ से जगन्नाथपुरी तक फैली हुई थी, उनका मुकाबला करने के लिए शक्ति का प्रदर्शन क्यों नहीं किया? मुसलमान आक्रमणकारियों की अपेक्षा हिन्दू कहीं अधिक संख्या में थे। भले ही हिन्दुओं को एक ब्रह्म का ज्ञान उपनिषद् आदि से मिल चुका था, किन्तु वे अभी तक एक ब्रह्म के स्थान पर अनेक देवी-देवताओं, अवतारों, पशुओं, सर्पों एवं वृक्षों की पूजा किए जा रहे थे। हिन्दू समाज अनेक वर्गों एवं जातियों में बँटा हुआ था। मुसलमानों के समान वे एक कौम बनकर कोई कदम न उठा सकते थे। गुरु नानक देव ने इस कमजोरी को भाँप लिया था।

तत्कालीन भारत में बसने वाले अधिकांश मुसलमान विदेश से नहीं आए थे, वे इसी देश में जन्में व पले थे और हिन्दुओं के साथ उनका घनिष्ठ सम्बन्ध था। गुरु नानक देव का यह लक्ष्य कदापि व था कि उन्हें देश से बाहर निकाल दिया जाए; वरन् उन्होंने यह समझाने का यत्न आरम्भ किया कि 'जो रते सहि आपरगै तिन भावै सभ कोई[1]।" जो अपने परमात्मा से प्यार करते हैं वे सभी से प्यार करते हैं। एक वृक्ष अपने फलों से ही पहचाना जा सकता है। इसी प्रकार व्यक्ति का धर्म उसके व्यवहार द्वारा प्रकट हो जाता है। मैं भ्रमुक नबी अथवा अवतार पर आस्था रखता हूँ—मात्र यह कह देने से कुछ भी लाभ न होगा, यदि उस महामानव की वाणी हमारे व्यवहार में चरितार्थ नहीं होती।

यद्यपि मुसलमान एक ही खुदा को समस्त संसार का पिता मानते हैं और सभी लोग आपस में भाई-भाई है, इस सिद्धान्त का भी प्रचार करते हैं परन्तु व्यावहारिक रूप से भाई होने का पद उसे ही मिलता था जो मुसलमान बन जाता था। अतः वे हिन्दू जातियाँ जिन्हें नीच माना जाता था और हिन्दू समाज में जिनसे धृरगापूरर्ग व्यवहार किया जाता था, इस्लाम

1. *तिलंग, 2.1*

की ओर आकर्षित हुई; उन्होंने इस्लाम कबूल किया ताकि उन्हें मुसलमान समाज में समानता का पद प्राप्त हो। यद्यपि यह सत्य है कि इसमें उन्हें पूर्णरूपेण सफलता प्राप्त न हो सकी। मुसलमान भी नस्ली भेदभाव से मुक्त न थे; भारत में आकर उनके नस्ली भेदभाव ने लगभग जाति-पाँति का रूप धारण कर लिया। दोनों सम्प्रदायों में पर्याप्त खींचतान होने के कारण बहुत दूरी रही। गुरु नानक देव के लिए यह कठिन समस्या थी, किस प्रकार भिन्न-भिन्न मतों के अनुयायी होने के बावजूद भी ये लोग आपस में सद्भावनापूर्ण व्यवहार करें। इस कारण परम तत्त्व से साक्षात्कार होने के उपरान्त जो प्रारम्भिक शब्द उन्होंने उच्चारित किए, वे थे! "न कोई हिन्दू है न मुसलमान है।" जिसका भावार्थ यह है कि कोई व्यक्ति भले ही किसी भी धर्म का बिल्ला अपने साथ चिपका ले किन्तु सभी मानव समान हैं और वे अपने व्यक्तिगत कर्म के अनुसार ही तो परमात्मा के समीप हो सकेंगे अथवा दूर हो जायेंगे। उन्होंने लोगों के विभाजन में देश, नस्ल, रंग अथवा जातिभेद को पूर्णतः नकारा है। उनका कथन है कि व्यक्ति दो ही प्रकार का है—गुरुमुख और मनमुख। गुरुमुख वे हैं जिनका ध्यान भगवान की ओर है, जिनका जीवन सत्य एवं सेवाभाव से परिचालित है और जिन्हें दूसरे व्यक्तियों के साथ एक ही परमपिता के पुत्र होने के नाते प्यार है। मनमुख वे हैं जो लोग सदैव ही निजी लाभ की ओर मुँह बाये बैठे रहते हैं और जो सांसारिक वस्तुओं अथवा निजी सुखों की प्राप्ति के लिए झूठ, पाखण्ड, दगा, फरेब आदि से लेशमात्र भी नहीं टलते। ऐसे लोग भले ही किसी भी धर्म के रीति-रिवाज का अनुसरण करें उन्हें न इस लोक में शान्ति प्राप्त हो पाती है और न ही परलोक में।

इस तथ्य को चरितार्थ करने के हेतु जब उन्होंने अपनी विचारधारा का प्रचार प्रारम्भ किया तो एक हिन्दू व्यक्ति बाला और दूसरा मरदाना नामक मुसलमान अपने साथ लिया; इन दोनों को 'भाई' की उपाधि से स्मरण किया जाता है। जब सुलतानपुर से अपनी प्रथम यात्रा आरंभ की तो सैदपुर में भाई लालो के घर ठहरे। ब्राह्मणधर्म का पालन करने वाले लोगों की दृष्टि में भाई लालो शूद्र था। लोगों में इस बात की बहुत चर्चा और टीका-टिप्पणी हुई। और, जब वे उसी नगर के दीवान के घर ब्रह्मभोज में नहीं गए तो यह टीका-टिप्पणी और बढ़ गई। ब्रह्मभोज में सम्मिलित न होने का कारण पूछे जाने पर उन्होंने यह बात दीवान मलिक भागो के मुँह पर कह दी कि जिन चीजों से वह भोजन तैयार किया गया था, वे चीजें उसकी हकहलाल की कमाई से नहीं खरीदी गई थी वरन् जनता पर जोर-जुल्म करके प्राप्त की गई थीं इस कारण खाना तैयार करने से भले कितनी ही पवित्रता रखी गई हो पर वास्तव में वह अपवित्र ही है जबकि भाई लालो के घर की कोघरे की रोटी गाढ़े पसीने की कमाई होने के कारण पूर्ण तथा पवित्र है।

हिन्दुओं में यह विचार सामान्यतः घर कर गया था कि साँसारिक धन्धों में उलझा रहे कोई भी व्यक्ति आत्मिक उन्नति कदापि नहीं कर सकता। बहुत सम्भव है यह विचार

आश्रम-धर्म पर आधारित जीवन-विभाजन के फलस्वरूप ही उत्पन्न हुआ हो। आश्रम धर्म के अनुसार व्यक्ति ब्रह्मचारी रहकर पच्चीस वर्ष तक विघाध्ययन करता था फिर गृहस्थाश्रम में पच्चीस वर्ष तक गृह-धर्म का पालन करता था। पचास वर्ष की आयु होने पर वानप्रस्त आश्रम आरम्भ हो जाता था जिसमें धार्मिक पुस्तकों में दर्शाये मार्ग पर विचार करना और सत्य की प्राप्ति के लिए तपसाधना आवश्यक अंग माने जाते थे। अन्त में संयास अर्थात् चौथे आश्रम में पहुँचकर फिर एक प्रकार की छूट अथवा स्वतन्त्रता मिल जाती थी। माँगकर खाना और आध्यात्मिक विचारों में डूबे रहना यही संन्यासी का कर्तव्य शेष रह जाता था। दूसरों को धर्मोपदेश देना भी संन्यासी का ही कर्त्तव्य रह जाता था। शनैः शनैः सन्यासी अल्पायु से ही चेले बनाने लगे। बिना श्रम किए वेश-भूषा के आधार पर जीवन की आवश्यकताओं की पूर्ति इन्हें भली प्रतीत होने लगी और धीरे-धीरे वे समाज पर एक आर्थिक बोझ बन गए। इनकी टोलियाँ अपनी शारीरिक आवश्यकताओं की पूर्ति के लिए अस्त्र-शस्त्रधारी होकर लोगों से बलपूर्वक खाने-पीने की सामग्री वसूल करने लगीं। गुरु नानक देव ने सुमेरु पर्वत पर सिद्धों के साथ चर्चा करते समय उन्हें कहा था कि "सिद्ध तो पर्वतों में आकर छिप गए हैं, अब जनता का सही मार्गदर्शन कौन करे?" इस सारी स्थिति पर विचार करने के उपरान्त गुरुजी ने त्याग के विरुद्ध प्रचार किया। गृहस्थ रहते हुए भी सच्चा और पवित्र आचार-व्यवहार रखकर मनुष्य आत्मोन्नति कर सकता है। पहले श्री कृष्ण ने श्रीमद्‌भगवद्‌गीता में कर्मयोगी के आदर्श को संन्यास से श्रेष्ठतर मानकर उपदेश दिया था किन्तु सामान्य जनता इस उपदेश से लाभ नहीं उठा पाई थी। हिन्दुओं में धर्म और आत्मा की उन्नति के सर्वोतम विचार गुप्त रखे जाते थे और कहा जाता था कि अधिकारी व्यक्ति के बिना ये भेद किसी को नहीं बताए जा सकते। साधारण हिन्दू जनता वहमों, रीति-रिवाजों व कर्मकाण्ड में फँसी थी। असंख्य देवी-देवताओं की प्रतिमाओं का धूप-दीप-नैवेद्य आदि द्वारा पूजन ही पर्याप्त समझा जाता था। समस्त समाज की स्थिति पर विचारों-उपरान्त इसकी कमजोरियाँ दूर करके इसे शक्तिशाली बनाने की ओर किसी का भी ध्यान नहीं था। मुसलमानों को म्लेच्छ कहा जाने लगा, उनके साथ खाने-पीने का कतई व्यवहार नहीं था। किन्तु उनका शासन चलाने वाले मुकद्दम, महंत, दीवान आदि प्रायः हिन्दू ही थे। इस संग्रह में गुरु जी के जो शब्द संकलित किए गए हैं उन्हें ध्यान से पढ़ने पर ये सभी तथ्य स्पष्टतः दृष्टिगोचर होंगें।

अब हम यह बताने का यत्न करेंगे कि गुरु जी ने पुरातन संस्कृति में क्या-क्या परिवर्तन किए जिनके फलस्वरूप उनके अनुयायी एक शक्तिशाली समाज—सिखसमाज—का रूप धारण कर सके।

भारतीय धर्म-ग्रन्थ प्रायः 'ओउ्म्' शब्द से प्रारम्भ होते हैं। व्याकरणवेता इस शब्द की उत्पत्ति 'श्रव्' धातु से मानते हैं और इसका अर्थ 'रक्षाकर' मानते हैं। प्रोफेसर मैक्समूलर लिखते हैं कि यह शब्द स्वीकारोक्ति का घोतक है और इसी रूप में इसका उपयोग होता था जिस

प्रकार वर्तमान काल में हम "हाँ" अथवा "हूँ" कहते हैं। योगीजन का मत है कि यह शब्द सृष्टि के आरम्भ में निरंकार से उत्पन्न हुआ और यह समस्त संसार में व्याप्त है। जिस प्रकार हम पशुओं के नाम उनकी बोली से निर्धारित कर लेते हैं, उसी प्रकार यह शब्द परमतत्व का द्योतक हो गया। उपनिषद्काल में इस शब्द का इस अर्थ में प्रयोग परिपक्व हो गया। किन्तु कालान्तर में इस शब्द के तीन अक्षरों 'अ', 'उ' और 'म' के विभिन्न अर्थ किए जाने लगे। कुछ लोग कहने लगे ये तीन अक्षर तीन अवस्थाओं जागृति स्वप्न, सुषुप्ति के द्योतक हैं। कुछ लोग इनमें ब्रह्मा, विष्णु महेश की त्रिमूर्ति देखने लगे। गुरुजी ने '1' का अंक जोड़कर यह निश्चित कर दिया कि यह शब्द केवल एक निरंकार का द्योतक है। और इस "1ੳ" का उच्चारण "एक ओंकार" स्पष्ट प्रकट करता है कि "निरंकार केवल एक ही है।" वह एक ही पूज्य है। उन्होंने अपने अनुयायियों को देवी-देवताओं अथवा अन्य शक्तियों की पूजा से रोक दिया। सत्य रूप उसे पहले ही समझा जाता था किन्तु 'कर्त्तापुरुष' कहकर गुरु साहब ने छहों शास्त्रों से अपने मतभेद को स्पष्ट परिलक्षित किया। साँख्य ईश्वर के अस्तित्व को स्वीकार ही नहीं करता। योग ईश्वर के अस्तित्व को स्वीकार करता है किन्तु साथ ही पुरुष और प्रकृति को अनादि मानता है और इन्हें ईश्वर से उत्पन्न स्वीकार नहीं करता। न्याय और वैशेषिक ईश्वर को संसार का शासक और कर्मों का फल-प्रदाता मानते है पर वह संसार का निमित्त कारण हैं; उपादान कारण नहीं। उनके अनुसार परमाणु चिरस्थायी है, वे ही संसार के उपादान कारण है। जैमिनी अपने सूत्रों में ईश्वर का उल्लेख भी नहीं करते। श्री शंकराचार्य जीव और संसार की उत्पत्ति में माया का प्रभाव मानते हैं। माया न सत्य है न असत्य यह सत्यासत्य है पर अनिवर्चनीय है अर्थात् शब्दों में इसका वर्णन असम्भव है। माया के प्रभाव से सीमित होकर ब्रह्म की जीव हो गया। ब्रह्म अकर्ता और तटस्थ है। संसार माया का खेल है। परन्तु गुरु नानक देव के अनुसार जीव और संसार निरंकार के हुकम से अस्तित्व ग्रहण करते हैं।

स्पष्ट है जो संसार को प्रकृति या माया का खेल मात्र समझते थे और साथ ही यह भी मानते थे कि पुरुष जब तक प्रकृति और माया के जाल से मुक्त न हो वह अपनी वास्तविकता नहीं समझ सकता, वे साँसारिक कार्यों को एक फंदा ही समझने लगे और इन्हें त्यागना ही आत्मोन्नित का प्रथम चरण मानने लगे। परन्तु गुरु जी ने बताया कि समस्त चक्कर अथवा फैलाव 'उस' के 'हुकम' का खेल है। हुकम को पहचान कर जो व्यक्ति साँसारिक कार्यों में 'उस' के अनुसार प्रवृत्त होता है उसकी आत्मा उत्तरोत्तर विकासोन्सुख होती है। जो 'हुकम' को बूझ लेता है उसका अहम् स्वयं ही नष्टप्रायः जाता है। कहने का भाव यह है कि निष्काम कर्म एक फंदा नहीं अपितु यह आत्मा की उन्नति का साधन है। इसी कारण सिख मतावलम्बी एक क्रियाशील समाज का रूप धारण कर गए।

यह कर्त्ता निर्भय है, निर्वेर है, और जो भी उसकी पूजा अथवा साधना करते हैं वे भी निर्भय और निर्वेर हो जाते हैं। वह अयोनि है अर्थात् जन्म ग्रहण नहीं करता। यह गुण परमात्मा के अवतार-सिद्धान्त का खंडन करता है और उससे उत्पन्न हुई मूर्तिपूजा का भी तीव्र विरोध करता है। वह स्वंयभू है अर्थात् स्वतः अलोकित है, किसी ने उसे नहीं बनाया।

जीवात्मा की उत्पत्ति भी परमात्मा से है। यह उसका ही अंश है। उसके 'हुकम' के अनुसार जीवन बिता रहे व्यक्ति में उस ज्योति का अंश प्रज्ज्वलित हो जाता है; जीवात्मा-परमात्मा की ज्योति में स्वयमेव ही घुल-मिल जाता है। जीव-ज्योति परमात्मा का रूप धारण कर लेती है किन्तु जिस प्रकार वेदान्ती स्वीकारते हैं, वह ब्रह्म नहीं हो जाती। 'जपुजी' में गुरु जी ने एक उदाहरण देकर इसे भली प्रकार समझाया हैः जिस प्रकार नदियाँ, नाले, समुद्र तक पहुँचकर वहाँ घुल-मिल जाते हैं किन्तु उसका पारावार नहीं जानते। इस प्रकार भक्त जन भी 'उस' के साथ एकात्म होने के उपरान्त भी 'उस' की थाह नहीं जान पाते।

जहाँ तक साधनपक्ष का संबंध है, सभी ऋषि-मुनियों ने योग का सहारा लिया है, जिसका अन्तिम अंग समाधि था। समाधि में निपुण होने के लिए उपनिषद् काल से ही एकान्त स्थान पर जाकर साधना करने का उपदेश अथवा आदेश दिया गया है। स्वामी विवेकानन्द ने योगसूत्रों के अंग्रेजी अनुवाद 'राजयोग' के एक परिशिष्ट में श्वेताश्वर उपनिषद् में से एक उद्धरण दिया है जिसमें लिखा है—"पर्वत की गुहाओं जैसे स्थानों पर जहाँ भूमि समतल है और उसमें कंकड अथवा रेता नहीं है, जहाँ लोगों का अथवा जलप्रपात का विह्नकारी शोर नहीं, जो मन के अनुकूल हों और आँखों को सुहावने लगें—ऐसे स्थानों पर मन को जोड़ना, ध्यानमग्न होना अथवा योगसाधना करना उचित है।"

व्यक्ति के मन में दो अंश हैं—ध्यान और स्मरण। ध्यान तो एकान्त स्थानों पर निश्चल बैठने से ही जुड़ सकता है किन्तु स्मरग तो कार्यरत रहते हुए भी किसी एक संकल्प में जुड़ा रह सकता है। गुरुजी ने साधनापक्ष में स्मरण से कार्य लेने का उपदेश दिया है। मनुष्य अपने कर्त्ता परमात्मा को भूल गया है; इसीलिए वह दुखी है। परमात्मा सर्वव्यापी है। जिस समय

---

1. *देखिए, 'गोरख वाणी' संकलित प्रोफेसर पीताम्बर दत्त बड़थ्वाल, पदी 43।*

भाग – एक

पराभौतिक सिद्धान्त

ईश्वर

1 *ओंकार, सतिनामु, करतापुरुख, निरभउ, निरवैरु,*
अकालमूर्ति, अजूनी, सैभंग गुरुप्रसादि[1]॥

---

1. *परम तत्त्व जिसका वाचक ॐ है केवल एक है। वह सत्य अर्थात् सदा रहने वाला है। वह सृष्टि का रचयिता है तथा उसमें व्याप्त है। वह निर्भय है। उसकी किसी से शत्रुता नहीं। उसका अस्तित्व काल के प्रभाव से मुक्त है। वह जन्म नहीं लेता, वह स्वतः प्रकाश है। वह गुरु की कृपा से (प्राप्त किया जा सकता है)*

–मूल मन्त्र, जपु ॥

अकाल पुरुष की एकता

: 1 :

दूजी माइआ जगत चित वासु ॥ काम क्रोध अहंकार बिनासु ॥1॥
दूजा कउगु कहा नहीं कोई ॥ सभ महि एकु निरंजनु सोई ॥ रहाउ ॥
दूजी दूरमति आखै दोइ ॥ आवै जाई मरि दूजा होई ॥2॥
घरणि गगनि नह देखउ दोइ ॥ नारी पुरख सबाई लोइ ॥3॥
रवि ससि देखउ दीपक उजिआला ॥ सरब निरंतरि प्रीतमु बाला ॥4॥
करि किरपा मेरा चितु लाइआ ॥ सतिगुरि मो कउ एक बुझाइया ॥5॥
एकु निरंजनु गुरमुखि जाता ॥ दूजा मारि सवदि पछाता ॥6॥
एको हुकमु बरतै सभ लोई ॥ एकसु ते सभ ओपित होई ॥7॥
राह दोवै खसमु एको जाणु ॥ गुर कै सबदि हुकमु पछाणु ॥8॥
सगल रूप वरन मनमाही ॥ कहु नानक एको सालाही ॥9॥

गउड़ी असटपदीआ

: 2 :

एको एक कहै सभु कोई हउमै गरबु विआपै ॥
अंतरि बाहरि एकु पछाणै इउ घरु महलु सिञपे ॥
प्रभु नेड़ै हरि दूरि न जारगहु एको सृसटि सबाई ॥
एकंकार अवरु नहीं दूजा नानक एक समाई ॥

रामकली दखणी, ओअंकार

: 3 :

एक अचारु रंग इकु रूपु ॥ पउणु पाणी अगनी असरूपु ॥
एको भवरु भवै तिहु लोइ ॥ एको बूझै सूझै पति होई ॥
गिआनु घिआनु ले समसरि रहै ॥ गुरमुखि एकु विरला को लहै ॥
जिसनो देइ किरपा ते सुखु पाए ॥ गुरु दुआरै आखि सुणाए ॥1॥

रामकली दखणी, ओअंकार

: 1 :

माया से द्वैत भाव जगत् के चित्त में आकर बस जाता है। काम, क्रोध, अहंकार से होता है विनाश।
तुम बिन दूजा कौन, कहाँ? कोई नहीं। सब में वही एक निरंजन है।
दूजी है दुर्मति जो कहती है कि दो हैं। जीव आता जाता है, मरता है, दूसरा हो जाता है।
धरती आकाश में दूसरा नहीं दिखता। नारी, पुरुष और सर्वलोक में दूसरा कोई नहीं।
सूर्य और चन्द्र के उज्ज्वललित दीपों में, देखता हूँ सवित्र निरन्तर वही एक प्रियतम।
उसकी ही कृपा से मेरा चित्त लगा है। सत्गुरु ने मुझे एक दिखलाया है।
गुरु के उपदेश से एक निरंजन को जाना है। दूजा मार डाला है, शब्द पहचाना है।
उसी एक का हुकम चलता सर्व लोक में। एक से ही उत्पत्ति होती है सब की।
मार्ग हैं दो, स्वामी है एक, ऐसा जान लो। गुरु के उपदेश से हुकम पहचान लो।
सकल रूप और वर्ण मन में ही रहते हैं। नानक का कथन है एक ही स्तुत्य है।

(223)

: 2 :

कहते तो सभी है : एक है एक है। किन्तु गर्व अंहकार सभी जगह छाया है।
अंदर और बाहर एक पहचान लो, तो जानोगे उसका घर महल कहाँ हैं।
प्रभु है निकट उसे दूर मत जानो, सर्व सृष्टि एक है।
एक ओंकार के बिना दूसरा कोई नहीं। नानक का कथन है एक ही समाया है।

(730)

: 3 :

एक आचार है; रंग, रूप एक है। वायु, जल, अग्नि उसी के स्वरूप है।
एक ही भ्रमर भ्रमित तीन लोक मै। एक बूझ लेने से होता सम्मान है।
ज्ञान और ध्यान में समरस जो रहता है, ऐसा कोई गुरुमुख बिरला ही होता है।
जिस पर कृपा होती है (वही) सुख पाता है। गुरु के द्वारा पर यह सुनाया जाता है।

(930)

अकाल पुरुष सत्य (सदा रहने वाला) है

: 4 :

अलाहु अलखु अगंम कादरु करणाहारु करीमु ॥
सभ दुनी आवणा जावणी मुकामु एकु रहीमु ॥
मुकामु तिसनो आखीऐ जिसु सिसि न होवी लेखु ॥
असमानु धरती चलसी मुकामु ओही एकु ॥7॥
दिन रवि चलै निसि ससि चलै तारिका लख पलोइ ॥
मुकामु ओही एकु है नानका सचु बगोई ॥8॥ 17॥

सिरी रागु, असटपदीआ

: 5 :

सचु पुराणा होवै नाही सीता कदे न पाटै ॥
नानक साहिबु सचो सचा तिचर जापी जापै ॥1॥

वार रामकली, सलोक 1, पउड़ी 9

: 6 :

धंनु सु कागदु कलम धंनु धनु भांडा धनु मसु ॥
धनु लेखारी नानका जिनि नामु लिखाइया सचु ॥1॥

वार मलार, सलोक 1, पउड़ी 28

वह सब का कर्त्ता (रचियता) है और स्वयं अपनी कृति में व्याप्त है

: 7 :

तू करता पुरखु अंगमु है आपि सृसटि उपाती ॥
रंग परंग उपारजना बहु बहु विधि भाती ॥
तूं जारणाहि जिनि उपाईऐ सभु खेलु तुमाती ॥

वार माझ, पउड़ी 1

: 8 :

तृतीया ब्रह्मा बिसनु महेसा ॥ देवी देव उपाए वेसा ॥
जोती जाती गरमत न आवै ॥ जिनि साजी सो कीमति पावै ॥
कीमति पाइ रहिआ भरपूरि ॥ किसु नेड़ै किसु आखा दूरि ॥4॥

बिलावलु, थिती पउड़ी 4

: 4 :

अल्लाह अलख अगम है; कादर कर्त्ता, करीम है।
सारी दुनिया आती है, जाती है; कायम है केवल वही एक रहीम।
कायम कहते हैं उसे जिसके माथे पर कर्मरेखा कोई नहीं।
धरती और आकाश को एक दिन चलना है; रहता है अचल केवल वही एक।
दिन में रवि निशि में शशि चलते ही रहते हैं; लाखों ही तारकररण चलते लोप हो जाते।
अचल वही एक है नानक सच कहता है।

(69)

: 5 :

सत्य कभी पुराना नहीं होता; सिला है ऐसा कभी फटता नहीं।
नानक का कथन है वह सर्वोपरि सत्य है; उसे जपते रहो, तब तक जपते रहो।

(955-956)

: 6 :

धन्य वह कागज धन्य कलम है, नानक का कथन है धन्य वह लेखक है
जिन्होंने लिखा है उसका सत्य नाम।

(1291)

: 7 :

तू कर्त्ता-पुरुष अगम है; तू ने यह सृष्टि स्वयं उत्पन्न की
रंगा-रंग सृष्टि बहुरूपा, विविध भांति तू ने उत्पन्न की,।
तू ही इसे जानता, तेरा ही खेल यह सारे का सारा।

(138)

: 8 :

तृतीय की तिथि ब्रह्मा, विष्णु और महेश, देवी और देवता बहुवेशधारी तू ने उत्पन्न किए।
तेरी ज्योति से जातियाँ जो उपजी गिनी नहीं जा सकती, जिसने सृजन किया है, वही मूल्य आँकेगा।
मूल्य आंकेगा वही जो कि सर्वव्यापक है।
क्या कहूँ किसके वह निकट है, किस से वह दूर है।

(839)

: 9 :

करणकारण समरथु है कहु नानक बीचारि ॥
कारणु करते वसि है जिनि कल रखो धारि ॥2॥

सहसकृती सलोक 5

वह सर्व-व्यापक किन्तु निर्लिप्त है

: 10 :

सहस तव नैन नन नैन हहि तोहि कउ सहस मूरति नना एक तोही ॥
सहस पद बिमल नन एक पद गंध बिनु सहस तव गंध इव चलत मोही ॥2॥
सभ महि जोति जोति है सोइ ॥ तिस कै चानण सभ महि चानरणु होइ ॥1॥7॥9॥

धनासरी

: 11 :

बलिहारी कुदरति वसिआ तेरा अंतु न जाई लखिआ ॥1॥ रहाउ ॥
जाति महि जोता जोति महि जाता अकल कला भरपूरि रहिआ ॥
तू सचा साहिबु सिफति सुआल्हिउ जिनि कीती सो पारि पइआ ॥

वार आसा, सलोक 1, पउड़ी 12

वह निर्भय और वैर-रहित है

: 12 :

भै विचि पवरणु वहै सद वाउ ॥ भै विचि चलहि लख दरीआउ ॥
भै विचि अगनि कढै वेगारि॥ भै विचि धरती दबी भारि॥
भै विचि इंदु फिरै सिरि भारि॥ भै विचि राजा धरम दुआरु॥
भै विचि सूरजु मै विच चंदु॥ कोह करोड़ी चलत न अंतु॥
भै विचि सिध बुध सुरनाथ ॥ भै विचि आडरागे आकास॥
भै विचि जोध महाबल सूर॥ भै विचि आवहि जावहि पूर॥
सगलिआ भउ लिखिआ सिरि लेखु॥ नानक निरभउ निरंकारू सचु एकु॥
नानक निरभउ निरंकारू होरि केते राम रवाल॥
केतीआ कन्ह कहारणीआ केते वेद बीचार॥

वार आसा, सलोक 1, 2 पउड़ी 4

: 9 :

सब कुछ विचार कर नानक का कथन हैः कारण-कारण वही है, समर्थ भी वही है।
सब के सब कारण कर्त्ता के वश में है, जिससे यह कला धारण कर रखी है।

(1353)

: 10 :

सहस्र तव नयन एक भी नयन नहीं तेरा; सहस्र है मूर्तियाँ, एक भी मूर्ति नहीं तेरी।
सहस्र पद निर्मल तेरे हैं, तेरा तो एक भी पद नहीं; गन्धहीन तू, सहस्र तव गन्ध है।
तेरी इस लीला ने मेरा मन मोह लिया; सभी में ज्योति है वही तो ज्योति है।
उसी के आलोक से सारे अलोकित हैं।

(13)

: 11 :

सकल प्रकृति में रहने वाले, मैं बलिहारी; तेरा अन्त लखा न जाए।
जाति मे ज्योति, ज्योति में जाति; अकल-कला तू परिव्याप्त है ॥
तू ह सच्चा स्वामी, तेरा स्तवन है सुन्दर; जिसने स्तवन किया, वह भव से पार हो गया।

(469)

: 12 :

भय में पवन सदा बहता है; भय में चलते लाखों दरिया।
भय में अग्नि ढोती बेगार; भय में धरती दबी भार के नीचे।
भय में इन्द्र घूमते सिर पर बोझ उठाए; भय में सूरज, भय में चांद।
कोटि कोस चलते हैं, अन्त नहीं हैं; भय में सिद्ध, बुद्ध, सुर, नाथ।
भय में है आकाश छा रहा; भय में शूर महाबलि योद्धा।
भय में आवें जावें झुण्ड; सब के माथे पर भय की रेखा है।
नानक का है कथन; कि निर्भय निरंकार है सच्चा केवल एक।
(नानक) निर्भय निरंकारक है; और हैं कितने राम चररणरज उसकी !
कितने कान्ह व कितनी कान्ह-कथायें; कितने वेद, विचार है कितने!

(464)

: 13 :

जुगि जुगि थापि सदा निरबैरु ॥
जनमि मरणि नहीं धंधा धैरू ॥

रामकली दखरणी, ओंकार पउड़ी 15

उसका अस्तित्व काल-रहित है

: 14 :

जगु तिस की छाइआ जिसु बापु न माइआ ॥
ना तिसु भैण न भराउ कमाइआ ॥
ना तिसु ओपति खपति कुल जाति ओहु अजरावरु मनि भाइआ ॥2॥
तू अकाल पुरखु नाहि सिरि काला ॥
तू पुरखु अंगम अलेख निराला ॥
सत संतोखि सबदि अति सीतलु सहज भाइ लिवि लाइआ ॥3॥

मारू सोलहे

वह अजन्मा है

: 15 :

अलख अपार अंगम अगोचर ना तिसु कालु न करमा ॥
जाति अजाति अजोनी संभउ ना तिसु भाउ ना भरमा ॥1॥
साचे सचिआर विटहु कुरबाणु ॥
ना तिसु रूप वरनु नहीं रेखिआ साचे सबदि नीसारगु ॥रहाउ॥
ना तिसु मात पिता सुत बंधप ना तिसु कामु न नारी ॥
अकुल निरंजन अपर परंपरु सगली जोति तुमारी ॥2॥

सोरठि

: 16 :

न तिसु बापु न माइ किनि तू जाइआ ॥
ना तिसु रूपु न रेख बरन सबाइआ ॥
ना तिसु भुख पिआस रजा धाइआ ॥

वार मलार पउड़ी 2

: 13 :

युग-युग से स्थपन-कर्त्ता, बिन बैर सदा है।
जन्म-मरण से मुक्त, न धन्दा उसे कोई है।

(931)

: 14 :

यह जग उसकी छाया जिसका पिता न माता कोई, उसके भाई बहिन नहीं हैं।
जन्म, मरण, कुल, जाति नहीं है, वह अजर, अमर, मनभाया।
तू अकाल-पुरुष, तेरे सिर पर काल नहीं है, तू पुरुष अलेख, अगम, निराला।
सत् संतोष शब्द अति शीतल; शब्द द्वारा सहज भाव से तुझमें लगन लगी है।

(1038)

: 15 :

अलख अपार अगम अगोचर; वह काल-रहित वह कर्म-रहित।
वह अजाति, अयोनिज, स्वयंभू; उसे न कोई भाव न भ्रम है।
उस चिर-सत्य पर न्यौछावर हूँ।
उसका रूप, वर्ण, रेखा नहीं कोई; सत्य शब्द द्वारा जाता पहचाना।
उसका माता पिता पुत्र न भाई; वह काम-रहित है, उसकी नारि नहीं हैं।
हे अकुल निरंजन अपरम्पर; यह सकल विश्व है ज्योति तुम्हारी।

(597)

: 16 :

उसके पिता न माता उसको किसने जन्म दिया है?
उसका रूप न रेखा, तो भी सभी वरर्ग हैं उसके।
उसे भूख नहिं प्यास, वह रहता सदा अधाया।

(1279)

वह स्वयंभू है

: 17 :

आपीन्है आपु साजिओ आपीन्है रचिओ नाउ ॥
दुयी कुदरति साजीऐ करि आसरगु डिठो चाउ ॥
दाता करता अपि तू तुसि देवहि करहि पसाउ ॥

वार आसा, पउड़ी 1

वह चित् स्वरूप है

: 18 :

पपै पातिसाहु परमेसरु वेखरग कउ परंपचु कीआ ॥
देखै बूझै सभम किछु जाणै अंतरि बाहरि रवि रहिआ ॥24॥

आसा पटा

उसकी थाह कोई नहीं ले सकता

: 19 :

तू दरीआउ दाना बीना मैं मछुली कैसे अंतु लहा ॥
जह जह देखा तह तह तू है तुझ ते निकसी फूटि मरा ॥
न जाणा भेउ न जाणा जाली। जा दुखु लगै ता तुझै समाली ॥1।31॥ रहाउ ॥

सिरी रागु

: 20 :

सालाही सालाहि एती सुरति न पाईआ ॥
नदीआ अतै वाह पवहि समुंदि न जाणीअहि ॥
समुंद साह सुलतान गिरहा सेती मालु धनु ॥
कीड़ी तुलि न होवनी जेतिसु मनहु न वीसरहि ॥23॥

जपु पउड़ी 23

: 17 :

वह आत्म-सृजित है, उसने नाम रचा है।
प्रकृति-रचना भी उसने की, प्रकृति उसका आसन, चाव से बैठा, देखा।
दाता, कर्ता स्वयं तू ही है; तू तुष्ट (सभी को) कृपादान देता है।

(463)

: 18 :

वह परम पिता परमेश्वर, उसने यह प्रपंच-रचना की दृष्टि के हेतु।
वह देखे, बूझे और सभी कुछ जाने; वह सब के अन्दर बाहर रहे समाया।

(433)

: 19 :

तू दरिया है, तू सब कुछ जाने देखे, मैं मछली, तेरा पार मै कैसे पाऊँ?
मैं जहाँ जहाँ देखूँ तू वहाँ वहाँ है, मैं तुझ से अलग हुई फूट मर जाऊँ।
क्या जानूँ कौन मछेरा कैसी जाली, जब दुःख लगे तो याद तुम्हें करती हूँ।

(25)

: 20 :

स्तुतिवादक तेरा स्तुतिवाद करते हैं, तो भी वे तेरा पार कहाँ पाते हैं?
नदियाँ औ' नाले सागर में गिरते हैं, पर उसका पारावार व कैसे पायें?
जो सागरपति सुलतान धनी गिरि जैसे,
वे कीट सदृश, वे उसके तुल्य नहीं है जिसको प्रभु अपने मन से भूल न जाए।

(5)

जगत् उत्पत्ति

हुकमी होवनि आकार, हुकमु न कहिआ जाई।
हुकमी होवनि जीअ, हुकमि मिलै वडिआई ॥[1]

जपु पउड़ी 2

1. *हुक्म से होते सब आकार, हुक्म का कथन नहीं हो पाता।*
हुक्म से होते हैं सब जीव, हुक्म से मिलती है महिमा।

: 21 :

अरबद नरबद धुंधूकारा ॥ धरणि न गगना हुकमु अपारा ॥
ना दिनु रैनि न चंदु न सुरजू सुन समाधि लगा ॥1॥
खाणी न बाणी पउणा न पाणी ॥ ओपति खपति न आवण जाणी ॥
खंड पताल सपत नहीं सागर नदी न नीरु वहाइदा ॥2॥
ना तदि सुरगु मछु पइआला ॥ दोजकु भिसतु नहीं खै काला ॥
नरकु सुरगु नहीं जमरगु मरणा ना को आइ न जाइदा ॥3॥
ब्रहमा बिसनु महेसु न कोई ॥ अवरु न दीसै एको सोई ॥
नारि पुरखु नहीं जाति न जनमा ना को दुखु सुखु पाइदा ॥4॥
ना तदि जती सती बनवासी ॥ ना तदि सिध साधिक सुखवासी ॥
जोगी जंगम भेखु न कोई नाको नाथु कहाइदा ॥5॥
जप तप संजम ना व्रत पूजा ॥ ना को अखि वखाणै दूआ ॥
आपै आपि उपाइ विगसै आपै कीमति पाइदा ॥6॥
ना सुचि संजमु तुलसी माला ॥ गोपी कानु न गऊ गोआला ॥
तंतु मंतु पाखंडु न कोई ना को वंसु वजाइदा ॥7॥
करम धरम नही माइआ माखी॥ जाति जनमु नहीं दीसै आखी ॥
ममता जालु कालु नहीं माथै ना को किसै विआइदा ॥8॥

✤ ✤ ✤

ना को मुला ना को काजी ॥ ना को सेखु मसाइकु हाजी ॥
रईअति राउ न हउमै दुनीआ को कहणु कहाइदा ॥11॥

बेद कतेब न सिमृति सासत ॥ पाठ पुराण उदै नहीं आसत ॥
कहता बकता आपि अगोचरु आपै अलखु लखाइदा ॥13॥

जा तिसु भाणा ता जगतु उपाइआ ॥ बाझु कला आडाणु रहाइआ॥
ब्रहमा बिसनु माहेसु उपाए माइआ मोहु वधाइदा ॥14॥

विरले कउ गुरि सबदु सुरगाइआ ॥ करि करि देखै हुकमु सबाइआ॥
खंड ब्रहमंड पाताल अरंभे गुपतहु परगटीआइदा ॥15॥

ता का अंतु न जारणै कोई॥ पूरे गुर ते सोझी होई॥
नानक साचि रते बिसमादी बिसम भए गुरणा गाइदा ॥16॥

मारू सोलहे

: 21 :

अर्बुद नर्बुद युग धुंध अँधेरा छाया, तब धरणि गगन थे नहीं, छाया था केवल हुक्म अपार।
दिन रात नहीं थे सूरज चाँद नहीं थे, वह; शून्य समाधि लगा कर तब बैठा था।
खनि, वाणी पानी पवन नहीं था कुछ भी; उत्पत्ति, मरण, तब आवागमन नहीं थे।
नव खण्ड, सप्त सागर, पाताल नहीं थे; नदियों में नीर नहीं बहता था।
तब स्वर्ग, मर्त्य, पाताल, त्रिलोक नहीं थे; दोज़ख, बहिश्त, क्षयकाल नहीं थे,
नरक, स्वर्ग जन्म, मरण नहीं थे; न कोई आता था न कोई जाता।
ब्रह्मा, विष्णु, महेश न कोई; केवल वह एक, न अन्य कोई दिखता था।
नारी, पुरुष न जन्म, जाति थे; तब दुःख और सुख पाने वाले नहीं थे।
तब जती सती वनबासी कोई नहीं थे; तब सिद्ध न साधक और न थे सुखवासी।
जोगी, जंगम ओ' नहीं वेशधारी थे; तब कौन कि जो अपने को नाथ कहलाता?।
जप, तप, संयम थे नहीं, न व्रत पूजा थे; तब, कौन जो उस बिन अन्य का वर्णन करता?
वह स्वयं से स्वयं उत्पन्न और विकसित था; निज मूल्य आंकने वाला वही स्वयं था।
शुचि संयम तुलसी माला आदि नहीं थे; गोपिका, कान्ह, औ' गो, गोपाल नहीं थे।
तब तंत्र, मंत्र, पाखण्ड नहीं थे कोई; तब नहीं था कोई बंशी बजाने वाला।
तब कर्म-धर्म औ' नहीं थी माया-माखी; उस समय जातिगत जन्म नहीं दिखता था।
ममता का जाल न था; माथे पर लिखित न थी काल की रेखा, तब कोई नहीं था ध्यान लगाने वाला।

✤ ✤ ✤

मुल्ला, काजी, न शेख, मशाइख हाजी,
न राजा, प्रजा न कोई अहम् की दुनिया, कहने कहलाने वाला कोई नहीं था।11।

✤ ✤ ✤

तब वेद, कुरान, स्मृतियाँ, शास्त्र नहीं थे; तब पाठ, पुराण, उदय औ' अस्त नहीं थे।
वह स्वयं अगोचर वचन और वक्ता था; वह अलख स्वयं को स्वयं लखाने वाला ॥13॥
अब उसकी इच्छा हुई जगत् रचना की; वह निराधार आकाश टिकाया उसने।
तब ब्रह्मा, विष्णु महेश बनाये उसने; माया का मोह फैलाया ॥14॥
बिरले को ही गुरु शब्द सुनाया, उसके ही हुक्म से रचना, पालन-पोषण।
ब्रह्माण्ड-खण्ड-पाताल आरम्भ हुकम से, जो कुछ था गुप्त उसे प्रकट कर डाला।15॥
उसका अन्त न जाने कोई, पूरे गुरु से ज्ञान है मिलता।
(नानक का है कथन) सत्यानुरक्त बिस्मय-उन्माद दशा में गुणगान उसी का करते ॥16॥

(1035-36)

रचना आनन्त

: 22 :

पाताला पाताल लख आगासा आगास ॥
ओड़क ओड़क भालि थके वेद कहनि इक वात ॥
सहस अठारह कहनि कतेबा असुलू इकु धातु ॥
लेखा होइ त लिखोऐ लेखै होइ विणासु ॥
नानक वडा आखीऐ आपे जाणै आपु ॥22॥

जपु, पउड़ी 22

: 23 :

केते पवण पारणी बैसंतर केते कान महेस ॥
केते बरमे घाड़ति घड़ीअहि रूप रंग के वेस ॥
केतीआ करम भूमी मेर केते केते धू उपदेस ॥
केते इंद चंद सूर केते केते मंडल देस ॥
केते सिध बुध नाथ केते केते देवी वेस ॥
केते देव दानव मुनि केते केते रतन समुंद ॥
केतीआ खाणी केतीआ बाणी केते पात नरिंद ॥
केतीआ सुरती सेवक केते नानक अंतु न अंतु ॥35॥

जपु, पउड़ी 35

रचना-काल

: 24 :

कवणु सुवेला बखतु कवण कवण थिति कवणु वारु ॥
कवणि सि रुती माहु कवणु जितु होआ आकारु ॥
वेल न पाईआ पंडती जिन होवै लेखु पुरागु ॥
वखतु न पाईओ कादीआ जि लिखनि लेखु कुरारगु ॥
थिति वारु ना जोगी जाणै रुति माहु ना कोई ॥
जा करता सिरठी कउ साजे आपे जाणै सोई ॥
किव करि आखा किव सालाही किउ वरनी किव जारणा ॥
नानक आखणि सभु को आखै इकदू इकु सिआणा ॥

जपु, पउड़ो 21

: 22 :

पातालों के तले लाखों पाताल, आकशों पर आकाश।
वेद कहते हैं इतनी बात, हमें थके ढूँढ़ते सीमा।
(सामी) कतेब कहते हैं अठारह सहस्र विश्व की बात।
सृष्टि का यदि हो पारावर तो लिख दें; लेखे-जोखे में नष्ट हो जाए जीवन।
नानक का है कथन कि वह है सुदीर्घ; कितना बड़ा उसे स्वयं वह जाने।

(5)

: 23 :

कितने ही पवन, पानी, बैसंतर, कितने ही कान्ह महेश।
कितने ही ब्रह्मा रचते है सृष्टि।
अगणित जिसके रूप, अगणित है वर्ण।
अगणित हैं कर्म-भूमियाँ, अगणित ध्रूव-नारद।
अगणित हैं इन्द्र, चन्द्र, सूर्य और भूमण्डल।
अगणित है सिद्ध, बुद्ध औ' नाथ, देवियाँ अगणित।
अगणित है देव, दानव; मुनि अगणित, अगणित है रत्नाकर।
अगणित है जीव-जातियाँ और वाणियाँ अगणित, अगणित नरेन्द्र सम्राट।
अगणित श्रुतियाँ, उनके सेवक भी अगणित, नानक का है कथन अन्त नहिं कोई।

(7)

: 24 :

कौन-सा समय, वक्त, तिथि, दिवस?
कौन ऋतु मास, जब आकार बने थे।
पंडित भी समय सके न जान कि लिखते बीच पुराण।
वक्त काजी भी सके न जान कि लिखते बीच कुरान।
योगी भी तिथि-दिवस न जाने, ऋतु मास न जाने कोई।
जिस कर्त्ता ने रची सृष्टि यह, वही स्वयं यह जाने।
कैसे श्लाघा करूँ? कहूँ कुछ कैसे?, कैसे वर्णन करूँ? मैं कैसे जानूँ?
कहने को सब ही कहते हैं एक से एक सयाने।

(4)

रचना मिथ्या नहीं, सत्य है

: 25 :

सचे तेरे खंड सचे ब्रहमंड ॥ सचे तेरे लोअ सचे आकार ॥
सचे तेरे कारणे सरब बीचार ॥ सचा तेरा अमरु सचा दीबाणु ॥
सचा तेरा हुकमु सचा फुरमाणु ॥ सचा तेरा करमु सचा नीसाणु॥
सचे तुधु आखिहि लख करोड़ि ॥ सचै सभि ताणि सचै सभि जोरि ॥
सची तेरी सिफति सची सालाह ॥ सची तेरी कुदरति सचे पातिसाह ॥
नानक सचु धिआइनि सचु ॥ जो मरि जमै सु कचु निकचु ॥1॥ म01 ॥

वार आसा पउड़ी 2 सलोक 1

रचना कैसे?

: 26 :

कितु कितु विधि जगु उपजै पुरखा कितु कितु दुखि बिनसि जाई॥
हउमै विचि जगु उपजै पुरखा नामि विसरिऐ दुखु पाई ॥
गुरमुखि होवै सु गिआनु ततु बीचारै हउमै सबदि जलाए॥
तनु मनु निरमलु निरमल वाणी सचै रहै समाए ॥
नामे नामि रहै बैरागी साचु रखिआ उरि धारे ॥
नानक बिनु नावै जोगु कदे न होवै देखहु रिदै बीचारे ॥68॥ *रामकली सिध गोसटि, पउड़ी 68*

रचना क्यों?

: 27 :

आपे छिंझ पवाइ मलाखाड़ा रचिआ ॥
लथे भड़थू गाइ गुरमुखि मंचिआ ॥
मनमुख मारे पछाड़ि मूरख कचिआ ॥
आपि भिड़ै मारे आपि कारजु रचिआ ॥ *वार मलार, पउड़ी 4*

: 28 :

गुरमुखि धरती साचै साजी ॥ तिस महि ओपति खपति सु बाजी ॥
गुर कै सबदि रपै रंगु लाइ ॥ साचि रतउ पति सिउ धरि जाइ ॥
साच सबद बिनु पति नहीं पावै ॥ नानक बिनु नावै किउ साचि समावै ॥30॥

रामकली सिध गोसटि, पउड़ी 30

: 29 :

संत हेति प्रभि त्रिभुवण धारे ॥ आतमु चीनै सु ततु बीचारे ॥8॥
साचु रिदै सचु प्रेम निवास ॥ प्रणावति नानक हम ता के दास ॥9॥8॥ *गउड़ी असटपदीआ।*

: 25 :

सत्य है खण्ड, सत्य ब्रह्माण्ड; सत्य है लोक, सत्य आकार।
सत्य है तेरे कार्य, सर्व विचार; सत्य है तेरा शासन सत्य दरबार।
सत्य है तेरा हुक्म, सत्य फरमान; सत्य है तेरी कृपा, सत्य मुद्रांकन।
लाख करोड़ों सत्य तुझे कहते है; सत्य सब आण, सत्य सब शक्ति।
सत्य तेरा गुणगान, सत्य है स्तुति; सच्चे पातिशाह, सत्य तव शक्ति।
नानक का है कथन कि, जो है सत्यलीन वे भी है सत्य।
जो जन्म-मरण में भटक रहे, वे है असत्य।

(*463*)

: 26 :

हे पुरुष इस जग की रचना कैसे होती है? वे कौन दुःख किनसे विघटन होता है?
हे पुरुष इस जग की रचना होती अहम् के बीच। औ' नाम भूल जाने से दुःख मिलता है।
जो गुरुमुख है वह नाम तत्त्व बीचारे। औ' शब्द द्वारा अहम् जला देता है।
जो सत्यलीन उसका तन मन है निर्मल, निर्मल उसकी वाणी।
जो नाम समाये उर में सत्य बसाये। वही सत्य बैरागी।
नानक का है कथन हृदय में सोच समझलो। बिना नाम के योग कदापि न सम्भव।

(*946*)

: 27 :

यह मल्ल-युद्ध-आयोजन स्वयं उसी का, इस मल्ल-अखाड़े की रचना उसने की।
ऊधम करते कामादि उतरे लड़ने की, गुरुमुख भी उन्हें देखकर ज्वलित हुए हैं।
गुरुमुख ने मनमुख मूर्ख पछाड़े कच्चे।
वह खुद भिड़ता है स्वयं मारता, कार्य स्वयं रचता है।

(*1280*)

: 28 :

साचे ने सृजन किया धरती का गुरुमुख की खातिर; उत्पति नाश उसकी अपनी लीला है।
गुरु के शब्द में जो जन रंग जाते है; वे सत्यलीन सम्मान सहित घर जाते।
सत्य शब्द बिन नहीं मान्यता मिलती। नानक का है कथन नाम बिन कोई कैसे सत्य समाये?

(*941*)

: 29 :

संत हेतु प्रभु त्रिभुवन धारे है; है संत वही जो आत्म चीन्ह कर तत्त्व बिचारे।
सत्य हृदय में सत्य प्रेम बसता है; नानक की है प्रणति, मैं उसका दास। (*224*)

जीवात्मा, अहंकार, कर्म-सिद्धान्त और आवागमन

हुकमी होवनि जीअ, हुकमि मिलै वडिआई।[1]

जपु पउड़ी 2

1. *हुकम से होते हैं सब जीव, हुक्म से मिलती है महिमा।*

जीवात्मा अमर है

: 30 :

पउणा पारणी अगनी का मेलु ॥ चंचल चपल बुधि का खेलु ॥
नउ दरवाजे दसवा दुआरु ॥ बुझु रे गिआनी एहु बीचारु ॥1॥
कथता बकता सुनता सोई ॥आपु बीचारे सु गिआनी होई ॥1॥ रहाउ ॥
देही माटी बोलै पउणु ॥ बुझु रे गिआनी सूआ है कउणु ॥
मूई सुरति वादु अहंकारू ॥ओहु न मुआ जो देखणाहारू ॥2॥
जै कारणि तटि तीरथ जाही ॥ रतन पदारथ घट ही माही ॥
पड़ि पड़ि पंडितु बादु बखानै ॥ भीतरि होदी वस्तु न जारणै ॥3॥
हउ न मुआ मेरी मुई बलाइ ॥ओहु न मूआ जो रहिआ समाइ॥
कहू नानक गुरि बहमु दिखाइआ ॥ मरता जाता नदरि न आइआ ॥4॥4॥ *गउड़ी*

जीवात्मा की आत्मा राम है

: 31 :

आत्म महि रामु राम महि आतमु चीनसि गुर बीचारा ॥
अमृत बाणी सबदि पछाणी दुख काटै हउ मारा ॥1॥
नानक हउमै रोग बुरे ॥
जह देखा तह एको बेदन आपे बखसै सबदि घुरे ॥रहाउ॥ *भैरउ असटपदीआ*

अहम् व अहंकार

: 32 :

हउमै करत भेखी नही जनिआ ॥ गुरमुखि भगति विरले मनु मानिआ ॥1॥
हउ हउ करत नहीं सचु पाईऐ ॥ हउमै जाइ परम पटु पाईऐ ॥1॥ रहाउ ॥
हउमै करि राजे बहु धावहि ॥ हउमै खपहि जनमि मरि आवहि ॥2॥
हउमै निवरै गुर सबदु बीचारै ॥ चंचल मति तिआगै पंच संघारै ॥3॥
अंतरि साचु सहज घरि आवहि ॥ राजनु जाणि परम गति पावहि ॥4॥
सचु करणी गुरु भरमु चुकावै ॥ निरभउ कै धरि ताड़ी लावै ॥5॥
हउ हउ करि मरणा किआ पावै ॥ पुरा गुरु भेटै सो झगरु झुकावै ॥6॥
जेती है तेती किहु नाही ॥ गुरमुखि गिआन भेटि गुण गाही ॥7॥
हउमै बंधन बंधि भवावै ॥ नानक राम भगति सुखु पावै ॥8॥13॥ *गउड़ी असटपदीआ*

: 30 :

पवन, पानी, अग्नि का मेल है यह शरीर; इसमें चलता है चंचल, चपल बुद्धि का खेल।
नौ दरवाजे हैं, ॥ दसवां है द्वार; बूझ रे ज्ञानी चह विचार।
वही है वक्ता, श्रोता औ' व्याख्याता; आत्म-विचार करे सो ज्ञाता।
माटी की यह देह, बोलता पवन बीच में; बूझ रे ज्ञानी, भला मरण किसका होता है?
मरती है सुरति, वृथा अहंकार; वह न मरे जो इसे देखने वाला।
जिसके हेतु करते हैं तीर्थाटन; वह रत्न-पदार्थ है अपने ही घट में।
पंडित पढ़ते हैं और करते हैं विवाद; किन्तु अनभिज्ञ है उस वस्तु से जो अपने ही भीतर रहती है।
मैं न मरा, मरती है मेरी बला; वह न मरा जो समा रहा है रोम-रोम में।
नानक का है कथन गुरु ने ब्रह्म दिखाया; अब कोई भी मरता नजर नहीं आता ॥

(*152*)

: 31 :

आत्म में राम, राम में आत्म पहचानोगे इसे गुरु के उपदेश से ॥
शब्द द्वारा पहचानोगे गुरु की अमृतवाणी; वह काटेगी दुःख; मारेगी अहंकार।
नानक का है कथनः बुरा है अहंकार का रोग।
जिधर देखता हूँ वहीं वेदना एक यही दिखती है।
वह निरंकार ही स्वयं मुक्ति देता है। धुर से निकले शब्द द्वारा ॥

(*1153*)

: 32 :

अहंकार करते बहु वेश किए किन्तु उसे सके न जान; किसी विरले गुरुमुख का मन माना है भक्ति द्वारा।
जब तक है अहम्, सत्य नहीं पा सकते; अहंकार के नाश द्वारा ही मिलता है परम पद।
अहंकार-वश ही राजे एक दूसरे पर हमला करते; है अहंकार-वश की खपते हैं, जन्म-मरण आते-जाते हैं।
गुरु शब्द-विचारण से होता है अहम् निवारण; चंचल मति के त्याग द्वारा होता पांचों का नाश।
अन्तर सत्य, सहज घर वास; उस महाराज को जान परमगति पा जाते।
गुरु चुका देता है भ्रम, करनी में सत्य समा जाता है; निर्भय पद में लौ लगती है।
जो अहंकार में ही मर जाते हैं वे क्या पा सकते? पूरे गुरु से भेंट हुई तो सब झगड़े चुक जाते।
दिखता है जितना, वह सब है नाशवान; गुरु-ज्ञान से जब होती है भेंट तो उसके गुण गाते हैं।
अहंकार बन्धन है, भ्रमित होते बन्धन में; नानक का है कथन राम-भक्ति में सुख पाते हैं।

(*226-27*)

: 33 :

हउमै करी ता तू नाहीं तू होवहि हउ नाहि ॥
बूझहु गिहानी बूझणा एह अकथ कथा मन माहि ॥
बिनु गुर ततु न पाईऐ अलखु बसै मल माहि ॥
सतिगुरु मिलै त जारणी जां सवदु बसै मन माहि ॥
आपु गइआ अम् भउ गाइआ जनम मरन दुख जाहि ॥
गुरमति आलखु लखाईऐ ऊतम मति तराहि ॥
नानक सोहं हंसा जपु जपहु विभवण तिसै समाहि ॥1॥ म0 3 ॥

वार मारू, सलोक 1, पउड़ी 19

कर्म सिद्धान्त

: 34 :

ददै दोसु न देऊ किसै दोसु करंमा आपणिआ ॥
जो मै कीआ सो मै पाइआ दोसु न दीजे अवर जना ॥2॥
धधै धारि कला जिनि छोडी हरि चीजी जिनि रंग कीआ ॥
तिस दा दीआ सभनी लीआ करमी करमी हुकमु पइआ ॥22॥ *आसा पटी*

: 35 :

नानक जीअ उपाइ कै लिखि नावै धरमु बहालिआ ॥
ओथै सचो ही सचि निबड़ै चुणि वखि कढै जजमालिआ ॥
थाउ न पइनि कूड़िआर मुह काल्है दोजकि चालिआ ॥
तेरै नाइ रते से जिरिग गए हारि गए सि ठारण वालिआ ॥
लिखि नावै धरमु बहालिआ ॥2॥
आपीन्है भोग भोगि कै होइ भसमड़ि भउरु सिधाइआ ॥
वड़ा होआ दुनीदारु गलि संगलु धति चलाइआ ॥
अगै करणी कीरति वाचीऐ बहि लेखा करि समझाइआ ॥
थाउ न होवी पउदीई हुणि सुरणी किआ रुआइआ ॥
मनि अंधै जनमु गवाइआ ॥3॥
पड़िआ होवै गुनहगारू ता ओमी साधु न मारीऐ ॥
जेहा घाले घालणा तेवेहो नाउ पचारीऐ ॥
ऐसी कला न खेडीऐ जितु दरगह गइआ हारीऐ ॥
पड़िआ अतै ओमीआ वीचारु अगै वीचारीऐ ॥
मुहि चलै सु अगै मारीऐ ॥12 ॥ *वार आसा, पउड़ी 2,3 व 12*

: 33 :

मैं हूँ तो तू नहीं; तू है तो मै नहीं।
बूझ रे ज्ञानी बूझ यह अकथ कथा मन में।
अलग तो बसता सब के अन्दर; बिनु गुरु तत्त्व नहीं मिल पाता।
सतगुर मिलने पर जब मन में शब्द समाता; तब होता है ज्ञान।
अहम् गया, भ्रम-भय गया, जन्म-मरण-दुःख का नाश हुआ।
गुरु-मति न अलख लखाया, उत्तम मति से ही होते हैं पार।
नानक का है कथन कि सोंह जप करो त्रिभुवन में वही समाया है, ॥

(1092-93)

: 34 :

दीप किसी पर क्यों धरते हो दोष तो अपने कर्मों का है।
जो कुछ मैंने किया उसी का फल मैने पाया है; अन्य किसी पर दोष नहीं इसका है ॥
जिसने अपनी कला द्वारा धारण किया जगत् को; जिसने हर वस्तु को रंग दिया है।
उसका दिया सभी लेते हैं, उसका हुकम सभी को देता, अपने अपने कर्मों के अनुरूप।

(463)

: 35 :

नानक का है कथन कि उसने जीव किए उत्पन्न और लेखे-जोखे के लिए धर्म को बैठाया।
वहाँ सत्य परखा जाता है, पापी चुनकर अलग किये जाते हैं।
झूटे को न वहाँ स्थान मिल सकता, मुँह काले चलते दोजख की ओर।
जीत गए जो तेरे नाम में लीन, ढोंगी हार गए।
लेखा लिखने के लिए धर्म को बैठाया।
निज कर्मों का फल भोग भस्मीभूत हो भँवर (जीव) चल दिया।
दुनियादार मरा, गले जंजीर डालकर उसे चलाया गया।
कीर्ति वहाँ करनी से होती, बैठाकर उसको लेखा समझाया जाता।
दण्ड वहाँ निश्चित, बचाव का स्थान नहीं है कोई; अब रोदन कौन सुने?
मन अन्धे ने जन्म गँवाया।
माक्षर यदि है पापाचारी, उसका दण्ड निरक्षर साधु भला क्यों पाए?
पैसा जिसका कर्म वैसी ही उसकी ख्याति फैल जाती है।
ऐसा खेल कभी मत खेलो जिसके कारण हो परलोक-पराभव।
वहाँ साक्षर और निरक्षर के विचार ही परख जाते; स्वेच्छारी वहाँ दण्ड पाते हैं।

(469-70)

कर्म-चक्र का दुःख नाम-स्मरण से कटता है

: 36 :

करणी कागदु मनु मसवाणी बुरा भला दुइ लेख पए ॥
जिउ जिउ किरतु चलाए तिउ चलीऐ तउ गुण नाही अंतु हरे ॥1॥
चित चेतसि की नहीं बावरिआ ॥ हरि बिसरत तेरे गुण गलिआ ॥रहाउ॥
जाली रैनि जालु दिनु हुआ जेती घड़ी फाही तेती ॥
रसि रसि चोग चुगहि नित फासहि छूटसि मूड़े कवन गुणी ॥2॥
काइआ आरणु मनु विचि लोहा पंच अगनि तितु लगि रही ॥
कोइले पाप पड़े तिसु ऊपरि मनु जलिआ संनी चित भई ॥3॥
भइआ मनूरु कंचनु फिरि होवै जे गुरु मिलै तिनेहा ॥
एकु नामु अमृत ओहु देवै तउ नानक तृसटसि देहा ॥4॥3॥

मारू

: 37 :

घर दर फिरि थाकी बहुतेरे ॥ जाति असंख अंत नहीं मेरे ॥
केते मात पिता सुत धीआ ॥ केते गुर चेले फुनि हुआ ॥
काचे गुर ते मुक्ति न हुआ ॥
केती नारि वरु एकु समालि ॥ गुरुमुखि मरणु जीवणु प्रभ नालि ॥
दहदिस ढूढि घरै महि पाइआ ॥ मेलु भइआ सतिगुरू मिलाइआ ॥21॥

रामकली दखणी, ओंकार, पउडी 29

: 38 :

जुड़ि जुड़ि बिछुड़े बिछुड़े जुड़े ॥ जीवि जीवि मुए जीवे ॥
केतिआ के बाप केतिआ के बेटे केते गुर चेले हुए ॥
आगै पाछै गणत न आवै किआ जाती किआ हुणि हुए ॥
सभु करण किरतु करि लिखीऐ करि करि करता करे करे ॥
मनमुखि मरीऐ गुरमुखि तरीऐ नानक नदरी नदरी करे ॥2॥

वार सारंग, सलोक 2, पउड़ी 6

: 36 :

करनी कागज है मन मसि है; भले बुरे दो लेख हो रहे अंकित।
जैसे हमें चलाती कृति हम चलते रहते; हे हरि, तेरे गुण अनन्त हैं।
बावरे चित तू क्यों न चेता? हरि बिसरे तो तेरे गुण गल जाते।
दिन है जाल, रात है जाली, जितनी घड़ियाँ, उतने फन्दे।
आनन्दित हो चुणता चुगना, फँसता; जाता मूढ़ कौन-सा गुण तुझ में, कैसे छूटेगा?
काया-भट्टी में मन-लोहा, पंच अग्नियाँ धधक रही हैं।
पाप-कोयले पड़े है उस पर, मन जलता है।
चिन्ता की सँडसी ने उसे पकड़ रखा है; लौह-भस्म हो गया, पुनः कंचन हो सकता।
यदि ऐसा गुरु मिले कि जो नामामृत देवे, नानक का है कथन पिपासा मिटे देह की ॥

(*990*)

: 37 :

घर घर द्वार द्वार घूमी औ, थकी बहुत हूँ; अगणित मेरे जन्म, अन्त नहिं पाया।
कितने मेरे पिता, माता, सुत, कन्या; कितने ही गुरुओं का शिष्य बना मैं।
काचे गुरु से मुक्ति न पाई; नारियाँ अगणित है, उन्हें एक वर का आश्रय है।
गुरुमुख का जीवन-सरण प्रभु के साथ; दशों दिशाओं में ढूँढा, उसको घर में ही पाया।
सदगुरु से हुई भेंट मिलाया उसने प्रभु से।

(*932*)

: 38 :

जुड़ जुड़ कर बिछुड़े, और बिछुड़ कर पुनः जुड़े।
जी जी कर मरे, मर कर पुनः जिये।
कितनों के पिता, कितनों के पुत्र बने, कितने गुरुओं के शिष्य हुए।
आगे पीछे और अब, अपने जन्म-जाति की गिनती नहिं हो पाती।
जो कर्म कर चुके और कर रहे, सब लिखित भाग्य में, कर्ता हमें बनाता बारम्बार।
मनमुख मरते, गुरमुख पार उतरते; नानक का है कथन कृपालु कृपा करता है।

(*1238*)

मुक्ति और नदर

करमी आवै कपड़ा, नदरी मोखु दुआरु।[1]

जपु पउड़ी 4

1. *कर्म-फल से मिलता है शरीर, मुक्ति मिलती है प्रभु के प्रसाद से।*

: 39 :

अधिआतम करम करे ता साचा ॥ मुकति भेदु किआ जाणै काचा ॥
ऐसा जोगी जुगति बीचारै ॥ पंच मारि साचु उरिधारै ॥1॥
जिस कै अंतरि साचु वसावै ॥ जोग जुगति की कीमति पावै ॥2॥
रवि ससि एको गृह उदिआनै ॥ करणी कीरति करम समानै ॥3॥
एक सबद इक भिखिआ मागै ॥ गिआनु धिआनु जुगति सचु आगै ॥4॥
भै रचि रहै न बहरि जाइ ॥ कीमति कउण रहै लिव लाइ ॥5॥
आपे मेले भरमु चुकाए ॥ गुर परसादि परम पदु पाए ॥6॥
गुर की सेवा सबदु वीचारु ॥ हउमै मारे कारणी सारु ॥7॥
जप तप संजम पाठ पुराणु ॥ कहु नानक अपरंपर मानु ॥8॥9॥

गउड़ी असटपदीआ

: 40 :

लेख असंख लिखि लिखि मानु ॥ मनि मानिऐ सचु सुरति बखानु ॥
कथनी बदनी पड़ि पड़ि भारु ॥ लेख असंख अलेखु अपारु ॥1॥
ऐसा सचा तू एको जारगु ॥ जमणु मरणा हुकुमु पछाणु ॥ रहाउ।
माइआ मोहि जगु बाँधा जमकालि ॥ बाँधा छूटै नामु सम्हालि ॥
गुरु सुखदाता अवरु न भालि ॥ हलति पलति निबही तुधु नालि ॥2॥
सबदि मरै तो एक लिव लाए ॥ अचरु चरै त भरमु चुकाए ॥
जीवन मुक्ति मनि नामु बसाए ॥ गुरमुखि होइ त सचि समाए ॥3॥
जिनि धर साजी गगनु आकासु ॥ जिनि सभ थापी थापि उथापि ॥
सरब निरंतरि आपे आपि ॥ किसै न पूछे बखसे आपि ॥4॥

आसा असटपदीआ

: 41 :

झूठे कउ नाही पति नाउ ॥ कबहु न सूचा काला काउ ॥
पिंजरि पंखी बंधिआ कोइ ॥ छेरी भरमै मुकति न होइ ॥
तउ छूटे जा खसमु छडाए ॥ गुरमति मेले भगति दुड़ाए ॥7॥

बिलावल थित

: 42 :

सपतमी सतु संतोष सरीरि ॥ सात समुंद भरे निरमल नीरि ॥
मजनु सीलु सचु रिदै वीचारि ॥ गुर कै सबदि पावै सभि पारि ॥
मनि साचा मुखि साचउ भाइ ॥ सचु नीसाणै ठाक न पाइ ॥9॥

बिलावल थिती

: 39 :

अध्यात्म कर्म करे वह साचा; मुक्ति-भेद जाने क्या काचा?
वह योगी ही मुक्ति जान पायेगा; जो पांचों को मार, सत्य करे उर धारण।
जिनके मन में सत्य बसेगा; योग-मुक्ति का मूल्य वही जानेगा।
उसके लिए जैसा घर वैसा उद्यान, रवि औ' शशि में अन्तर कैसा?
सत्कर्मों औ' प्रभु की स्तुति में मग्न रहेगा, ज्ञान, ध्यान और युक्ति करेंगे सत्य प्रज्ज्वलित।
भय में रहे, भय से बाहर कभी न जाये; नित्य प्रभु में जिसकी लौ है उसका मूल्य कौन आंकेगा?
स्वयं प्रभु उसके भ्रम करते दूर, और उसे अपने में स्वयं मिलाते; गुरु-प्रसाद से मिलता उसे परम पद।
शब्द विचारण ही है गुरु की सेवा; अहं-नाश सर्वोत्तम कर्म।
नानक का है कथन, अपरम्पर प्रभु में आस्था रखो; यही है जप, तप, संयम, पाठ-पुराण।

(***223***)

: 40 :

लेख असंख्य है लिख-लिख कर उन्हें गर्व होता है; प्रभु से मन माने तो बुद्धि सत्य का करे बखान।
कथन, वदन, पाठन है भार; लेख असंख्य, अलेख अपार।
सत्य एक है ऐसा जानो; जन्म-मरण उसका ही हुकम पहचानो।
माया मोह के वश में जग है, यम ने उसे बाँध रखा है; बन्धन से छुटकारा नाम सुमिर कर।
गुरु सुखदाता, अन्य न कोई ढूँढो; लोक और परलोक तुम्हारे साथ वही जायेगा।
शब्द द्वारा अहं को मारे, एक में लग्न लगाये; जब मन अचल हुआ तो सारे भ्रम चुक जायें।
मन में नाम बसे तो जीवन-मुक्ति प्राप्त हो; गुरुमुख हो तो सत्य समाये।
जिसने सृजन किया धरती का, गगन बनाया; जिसने सब रचना की, रच कर करे नाश जो।
सर्वनिरन्तर है जो स्वयंभू, किसी से कुछ न पूछे; वह स्वयं क्षमा कर देता।

(***412***)

: 41 :

झूठे को नाम की प्रतीत नहीं होती; काला काग कभी शुचि नहीं होता।
पक्षी एक पिंजरे में बन्द है; अन्दर ही भटकता, मुक्त नहीं हो पाता।
छूटेगा तब जब स्वामी छुटवायेगा; गुरमति से मिलन हो तो भक्ति दृढ़ हो जाये। (***839***)

: 42 :

सत्य संतोष का शरीर हो, सातों समुद्र निर्मल नीर से भरे हों।
शील हो सज्जन, हृदय में चलता हो सत्य का विचार; गुरु के शब्द द्वारा सब ज्ञान पा लिया हो।
मन में हो सत्य, मुख में हो सत्यभाव, माथे पर सत्य की मुहर हो, तब मार्ग में कौन रोक सकता?

(***839***)

: 43 :

जोति सबाइड़ीए त्रिभवन सारे राम ॥ घटि घटि रवि रहिआ अलख अपारे राम ॥
अलख अपार अपारु साचा आपु मारि मिलाईऐ ॥
हउमै ममता लोभु जलहु सबदि मैलु चुकाईऐ ॥
दरि जाइ दरसनु करी भाणै तारि तारणहारिआ ॥
हरि नामु अमृतु चखि तृपती नानका उरधारिआ ॥4॥

बिलावलु छंत दखणी

: 44 :

सभनी घटी सहु वसै सह बिनु घटु न कोइ ॥
नानक ते सोहागणी जिन्हा गुरमुखि परगटु होइ ॥19॥

सलोक वारां ते वधीक

: 45 :

अखी परणै जे फिराँ देखाँ सभु आकारु ॥
पुछा गिआनी पंडिताँ पुछाँ बेद बीचार ॥
पुछाँ देवाँ माणसाँ जोध करहि अवतार ॥
सिध समाधी सभि सुणी जाइ देखां दरबारु ॥
अगै सचा सचि नाइ निरभउ भै विणु सारु ॥
होर कची मती कचु पिचु अंधिआ अंधु बीचारु ॥
नानक करमी बंदगी नदरि लंघाए पारि ॥2॥

वार सारंग सलोक 2, पउड़ी 11

: 43 :

उसकी ही ज्योति त्रिभुवन में फैली है; घट घट में रमा हुआ वह अलख अपार।
वह अलख अपार, अपार साचा; अपने को मारकर उसमें मिल जाते हैं।
अहंकार, ममता, लोभ को जला दो; शब्द के द्वारा मल को दूर करो।
है तारणहार, अपनी कृपा द्वारा मेरा उद्धार करो; पहुँघू तब द्वार और दर्शन कर पाऊँ।
नानक ने उसे उर में धारण किया; हरि-नामामृत चखा, अब मन तृप्त है।

(843)

: 44 :

सभी घटों में पति का आवास है, पति के बिना कोई भी घट नहीं।
नानक का है कथन कि वही सुहागिन है जिसे प्रकट होता वह गुरु के उपदेश से।

(1412)

: 45 :

यदि आँखों के बल चलूँ, देखू सकल आकार।
पूछ लूँ उसका पता ज्ञानियों पण्डितों से, पूछ लूँ वेदवेत्ताओं से।
पूछ लूँ देवों से और उन मनुजों से, जो योद्धाओं को अवतार मानते हैं।
सुन लूँ सिद्धों से समाधि की बात; पहुँचू और देख लूँ उसका दरबार।
वहाँ वही सच्चा है जिसने सत्यनाम ग्रहण कर रखा है।
निर्भय का नाम जप; जिसने भय जीत लिया, वही परम श्रेष्ठ है।
जो स्वयं अन्धे, उनके अन्धे विचार हैं, कच्चा उपदेश है।
नानक का कथन है, सत्कर्म, भक्ति और उसकी कृपा भवसागर से पार हैं उतारते।

(1241-42)

भाग – दो

जीवन का लक्ष्य

जिनी नामु धिआइआ, गए मसकति घालि।
नानक ते मुख उजले, केती छुटी नालि ॥[1]

जपु, अन्तिम सलोक

---

1. *जिन्होंने परमात्मा में लौ लगाई, जो श्रमपूर्वक अपना कर्त्तव्य निभा गए।*
नानक का है कथन उनके मुख उज्जवल हैं, उन्हीं के कारण कितने ही बन्धन-मुक्त हुए।

समस्त मानव-जाति के लिए मुक्ति का मार्ग एक ही है

: 46 :

दरसन की पिआस जिसु नर होइ ॥ एकतु राचै परहरि दोइ ॥
दूरि दरदु मथि अमृतु खाइ ॥ गुरमुखि बूझै एक समाइ ॥1॥
तेरे दरसन कउ केती बिललाइ ॥
बिरला को चीनमि गुर सबदि मिलाइ ॥1॥ रहाउ ॥
वेद वखाणि कहहि इकु कहीऐ ॥ ओहु बेअंत अंतु किनि लहीऐ ॥
एको करता जिनि जगु कीआ ॥ बाझु कला धरि गगनु धरीआ ॥2॥
एको गिआनु विआनु धुनि वाणी ॥ एकु निरालमु अकथ कहाणी ॥
एको सबदु सचा नीसाणु ॥ पूरे गुर ते जाणै जाणु ॥3॥
एको धरमु दृड़ै सचु कोई ॥ गुरमति पूरा जुगि जुगि सोई ॥
अनहदि राता एक लिवतार ॥ ओहु गुरमुखि पावै अलख अपार ॥4॥
एको तखतु एको पतिसाहु ॥ सरबी थाईं बेपरवाहु ॥
तिस का कीआ त्रिभवण सारु ॥ ओह अगमु अगोचरु एकंकारु ॥5॥
एका मूरति साचा नाउ ॥ तिथै निबड़ै साचु निपाउ ॥
साची करणी पति परवाणु ॥ साची दरगह पावै माणु ॥6॥
एका भगति एको है भाउ ॥ बिनु भै भगति आवउ जाउ ॥
गुर ते समझि रहै मिहसाणु ॥ हरि रसि राता जनु परवाणु ॥7॥
इत उत देखउ सहेज रावउ ॥ तुझ बिनु ठाकुर किसै न भावउ ॥
नानक हउमै सबदि जलाइया ॥ सतिगुरि साचा दरसु दिखाइआ ॥8॥ 3॥

बसन्तु असटपदीआ

: 47 :

बदफैली गैबाना खसमु न जाणई ॥ सो कहीऐ देवाना आपु न पछाणई॥
कलहि बुरी संसारि वादे खपीऐ ॥ विणु नावै बेकारि भरमे पचीऐ ॥
राह दोवै इकु जाणै सोई सिझसी ॥ कुफर गोअ कुफराणै पइआ दझसी ॥
सभ दुनिया सुबहानु सचि समाईऐ ॥ सिझै दरि दीवानि आपु गवाईऐ ॥9॥

वार माझ पाउड़ी 9

: 48 :

सो ब्रहमणु जो बिंदै बहसु ॥ जपु तपु संजमु कमावै करमु ॥
सील संतोख का रखै धरसु ॥ बंधन ताड़ै होवै मुकतु ॥
सोइ ब्रहमणु पूजण जुगत ॥16॥ ***सलोक वारां ते वधीक***

: 46 :

जिस नर को हो दर्शन की प्यास, एक से प्रेम करे, दूसरा त्याग दे।
जो मन्थन कर अमृत पान करे, उसके सब दुख दर्द दूर हो जायेंगे;
गुरु से जो दीक्षित वह एक में समाता है
बिलपते हैं कितने तेरे दर्शन के लिए।
बिरला है समझ पाता, कि गुरु के शब्द से ही मिलन होता प्रभु से।
वेद करते बखान कि वह एक है, एक का ही कथन करो; वह है बेअन्त, उसका अन्त कैसे पावें हम?
कर्त्ता है एक जिसने जगत् की रचना की; निराधार धरा और गगन को टिकाया है।
एक ही ज्ञान, ध्यान, ध्वनि, वाणी; एक वह निरवलम्ब, कथा अकथनीय उसकी।
पूरे गुरु से उस ज्ञेय को जानो; एक शब्द का सच्चा निशान है।
सभी का एक धर्म–सत्य पर दृढ़ रहो; यह है गुरमति युग युग में पूर्ण केवल एक वही है।
अनाहत में लीन होकर अचल लौ लगाता जो, वही गुरुमुख पा लेता अलख औ अपार को।
एक है तख्त और एक ही बादशाह; सर्वस्थान में वही एक बेपरवाह।
त्रिभुवन की रचना उसने ही की है; वह है अगम अगोचर एक ओंकार।
एक की मूर्ति उसकी वह सत्यनाम; उसके समक्ष होता है सद्न्याय।
वहाँ हैं मान्य सच्चे कर्म और निष्ठा; सच्ची दरगाह में यही माननीय हैं।
एक से ही भक्ति और एक से ही भाव है; बिना भय भक्ति के कटता नहीं आवागमन।
जो गुरु से उपदेश ले, अतिथि की भाँति रहे, हरिरस में मस्त रहे, वही स्वीकार्य है।
इधर उधर देखता हूँ, सहज तुझे पाता हूँ; तेरे बिना, ठाकुर, मुझे किसी से न प्रेम है।
नानक का कथन है, शब्द ने अहंकार भस्मीभूत कर डाला; सत्गुरु ने सत्य का दर्शन कराया है।

(*1188–89*)

: 47 :

छिप छिपकर जो करता रहता बदफेली, वह स्वामी को कैसे जानेगा?
दीवाने हैं पहचान जिन्हें नहिं अपनी।
है कलह बुरी दुनिया में, हम वृथा विवादों में खपते रहते हैं; हरि नाम बिना बेकार भटकते भ्रम में।
दो राह, उनमें से एक जान ले जो जन वही सफल है; जो करे कुफ्र की बात, वह जले कुफ्र की आग।
जब सत्यलीन हों सकल जगत् स्तुति करता; जब अहम् गँवा लें, प्रभु चरणों में मिलती स्वयं सफलता।

(*142*)

: 48 :

वह ब्राह्मण, जो ब्रह्मज्ञानी; जप तप संयम कर्म कमावे।
उसका धर्म शील-संतोष; बन्धन तोड़ मुक्त हो जावे।
ऐसा ब्राह्मण पूजनीय है। **(*1411*)**

: **49** :

खत्री सो जु करमा का सुरू ॥ पुन दान का करै सरीरू ॥
खेतु पछाणै बीजै दानु ॥ सो खत्री दरगह परवाणु ॥
लबु लोभु जे कूड़ कमावै ॥ अपणा कीता आपे पावै ॥17॥

सलोक वारां ते वधीक

: **50** :

काइआ कागदु मनु परवाणा ॥ सिर के लेख न पड़ै इआणा ॥
दरगाह घड़ीअहि तीने लख ॥ खोटा कामि न आवै वेखु ॥1॥
नानक जे विचि रुपा होइ ॥ खरा खरा आखै सभु कोइ ॥ रहाउ ॥
कादी कुड़ु बोलि मलु खाइ ॥ ब्राह्मणु नावै जीआ घाइ ॥
जोगी जुगति न जाणै अंधु ॥ तीने ओजाड़े का बंधु ॥2॥
सो जोगी जो जुगति पछाणै ॥ गुरु परसादी एको जाणै ॥
काजी सो जो उलटी करै ॥ गुर परसादी जीवतु मरै ॥
सो ब्राहमणु जो ब्रहमु बीचारै ॥ आपि तरै सगले कुल तारै ॥3॥
दानसबंदु सोई दिलि धोवै ॥ मुसलमाणु सोई मलु खोवै ॥
पड़िआ बूझै सो परवाणु ॥ जिसु सिरि दरगह का नीसाणु ॥4॥ 5॥ 7॥

धनासरी

सभी मानव समान है

: **51** :

सभु को ऊचा आखीऐ नीचु न दीसै कोइ ॥
इकनै भांडे साजिऐ इकु चानणु तिहु लोइ ॥
करमि मिलै सचु पाईऐ धुरि बखस न मेटै कोइ ॥6॥

सिरी रागु, असटपदीआ

: **52** :

फकड़ जाती फकड़ु नाउ ॥ सभना जीआ इका छाउ ॥
आपहु जे को भला कहाए ॥ नानक तापरु जपै जा पति लेखै पाए ॥1॥

वार सिरी रागु, सलोक 9, पउड़ी 3

: 49 :

वह क्षत्रिय जो कर्मशूर; वह पुण्य-दान साकार।
वह दान बीजता खेत पहचान कर; ऐसा क्षत्रिय प्रभु-चरणों में स्वीकार।
जो लालच, लोभ, असत्य कमाता; वह अपने कर्मों का फल पाता है।

(1411)

: 50 :

काया कागज़ है, मन परवाना है; मस्तक पर लिखित लेख, पर मूर्ख नहीं पढ़ता।
ये लेख रचे जाते प्रभु-चरणों में; खोटा सिक्का काम नहीं आता।
नानक कहते हैं सिक्के में यदि रूपा मिला रहे; सब ही कह देंगे खरा खरा।
काजी झूठ बोल मल खाता; ब्राह्मण जीव-हत्या उपरान्त करता है स्नान।
योगी अन्धा युक्ति जानता नहीं; ये तीनों हैं बरबादी के बन्ध।
योगी वह जो योग-मुक्ति का ज्ञानी; गुरु की कृपा से केवल एक ही जाने।
काजी वह जो अपनी मति दुनिया से परे हटाये; औ' गुरु-प्रसाद से जीवित मरे।
ब्राह्मण वह जो ब्रह्म विचारे; स्वयं तरे, सकल कुल तारे।
हाशिणमन्द वही जो दिल धो डाले; मुसलमान वह है जो मल को दूर करे।
पढ़ा वही समझा जायेगा पढ़ी वस्तु जो बूझ भी सकता है;
उसके माथे पर प्रभु-चरणों की मुद्रा अंकित है।

(662)

: 51 :

सभी को उच्च कहो, कहीं भी नज़र नहीं आता नीच।
उसी एक ने सारे पात्र बनाये, फैला है एक प्रकाश तीन लोकों में।
उसकी कृपा से सत्य प्राप्त होता है, यह मूल कृपा न कोई मिटा सकता है।

(62)

: 52 :

फोकट जाति-अभिमान, फोकट है नाम; सभी जीव रहते हैं एक ही छाया में।
अपने को उत्तम कहलाये; उत्तम की परख तभी होती है, जब श्री चरणों में आदर मिल पाता है।

(83)

: 53 :

जाती दै किआ हथि सचु परखीऐ ॥ महुरा होवै हथि मरीऐ चखीऐ ॥
सचे की सिरकार जुगु जुगु जाणीऐ ॥ हुकमु मैंने सिरदार दरि दीबाणीऐ ॥
फुरमानी है कार खसमि पठाइआ ॥ तबलबाज बीचार सबदि सुणाइआ ॥
इकि होए असवार इकना साखती ॥ इकनी बधे भार इकना ताखती ॥10॥

वार माझ पउड़ी 10

परमात्मा से मिलन का उचित मार्ग

: 54 :

मुंदा सतोखु सरमु पतु झोली धिआन की करहि बिभूति ॥
खिथा कालु कुआरी काइआ जुगति डंडा परतीति ॥
आई पंथी सगल जमाती मनि जीतै जगु जीतु ॥
आदेसु तिसै आदेसु ॥ आदि अनीलु अनादि अनाहति जुगु एको वेसु ॥28॥

जपु पउड़ी 28।

: 55 :

मरणै की चिन्ता नहीं जीवण की नहीं आस ॥
तू सरब जीआ प्रतिपालही लेखै सास गिरास ॥
अंतरि गुरमुखि तू बसहि जिउ भावै तिउ निरजासि ॥1॥
जीअरे राम जपत मनु मानु ॥
अंतरि लागी जलि बुझी पाइआ गुरमुखि गिआनु ॥1॥ रहाउ ॥
अंतर की गति जाणीऐ गुर मिलीऐ संक उतारि ॥
मुइआ जितु घरि जाईए तितु जीवदिआ मरु मारि ॥
अनहद सबद सुहावणे पाईऐ गुर बीचारि ॥2॥
अनहद वाणै पाईऐ तह हउमै होइ बिनासु ॥
सतगुरु सेवे आपणा हउ सद कुरबाणै तासु ॥
खड़ि दरगह पैनाईऐ मुखि हरिनाम निवासु ॥3॥
जह देखा तह रवि रहे सिव सकती का मेलु ॥
त्रिहु गुण बंधी दोहुरी जो आइआ जगि सो खेलु ॥
विजोगी दुखि बिछुड़े मनमुखि लहहि न मेलु ॥4॥
मनु बैरागी घरि बसै सच भै राता होइ ॥
गिआन महारसु भोगवै बाहुड़ि भूख न होइ ॥
नानक इहु मनु मारि मिलु भी फिरि दुखु न होइ ॥5॥ 8॥ *सिरी रागु*

: 53 :

जाति के वश क्या है, सच परखा जाता है; जो विषपान करे उसको मरना ही होगा।
सच्चे प्रभु का हुक्म प्रति युग में चलता है; जिसने माना हुक्म वही सरदार प्रभु के दरबार में।
यह उसका फरमान कार्य के हेतु हमें स्वामी ने भेजा ; नक्कारे वाले ने शब्द सुनाया और विचार सुझाया।
कुछ तो हुए सवार, किस ने काठी डाली; कई बांधते भार और कुछ लगे दौड़ने।

(142)

: 54 :

मुद्रिका संतोष की, श्रम की झोली और खप्पर, ध्यान की विभूति रमा लो।
काल की गुदड़ी कुआँरी काया की मुक्ति, प्रतीति का दण्ड धारण करो।
आई पंथ यह है कि सब हैं अपने समान, मन जीत लेने जग जीत लेते हैं।
आदेश है उसे जो आदि है, अनील है, अनादि और अनाहत, युग युग में एक वेश।

(6)

: 55 :

मरने की चिन्ता नहीं, जीने की आशा नहीं।
तू सभी जीवों का प्रतिपालक, श्वास और ग्रास का लेखा तू रखता है।
गुरुमुख के अन्दर तू ही बस जाता है, तेरी जो इच्छा निर्णय वही होता है।
राम जपने से ही मन मान जाता है।
गुरुमुख से ज्ञान मिला, अन्दर की ज्वाला शान्त हो गई है।
शंकारहित होकर मिलते जब गुरु से, अन्तर की गति जानी तब जाती है।
मरने के बाद तुझे यम के घर जाना है, जीवित ही मर जा और मार दे उस घर को।
गुरु के विचार से पाते हैं अनाहत शब्द वह सुहावना।
अनाहत वाणी प्राप्त जब होती है, अहम् नष्ट हो जाता है।
अपने सत्गुरु की सेवा में जो रत है, उन पर मैं न्यौछावर शत् शत् बार।
जिसके मुख में हरि नाम का निवास है, श्री चरणों में ले जाकर वह पहनाया जाता है।
जहाँ भी देखूँ शिव और शक्ति का मिलन छा रहा है।
त्रिगुण में बँधी देह, जगत् में जो आया है, मात्र एक खेल है।
मनमुख जो बिछुड़े है, दुःखी है वियोग से; मिलन सुख उनको प्राप्त होगा नहीं।
मन बैरागी घर में यदि बस जावे, सत्य और भय में लीन यदि हो जावे–
ज्ञान महारस का आनंन्द वह पायेगा, सर्वकाल के लिए भूख मिट जायेगी।
नानक का कथन है, इस मन को मारकर मिल ले उस प्रभु से, फिर कभी तुम्हें दुःख होगा नहीं।

(20-21)

: 56 :

अमलु करि धरती बीज सबदो करि सच की आव नित देहि पाणी ॥
होइ किरसाणु ईमानु जमाइ लै भिसतु दोजकु मूड़े एव जाणी ॥1॥
मतु जाण सहि गली पाइआ ॥
माल कै माणै रूप की सोभा इतु विधी जनमु गवाइआ ॥रहाउ॥
ऐब तनि चिकड़ो इहु मनु मीडको कमल की सार नहीं मूलि पाई ॥
भउरु उसतादु नित भखिआ बोले किउ बूझै जा नह बुझाई ॥2॥
आखणु सुनणा पउण की बाणी इहु मनु रत्ता माइआ ॥
खसम की नदरि दिलहि पंसिदे जिनी करि एकु धिआइआ ॥3॥
तीह करि रखे पंजि करि साथी नाउ सैतानु मनु कटि जाई ॥
नानकु आखै राहि पै चलणा मालु धनु कितकू संजिआही ॥4॥ 27॥

सिरी रागु

: 57 :

एक सुरति जेते है जीअ ॥ सुरति विहूणा कोइ न कीअ ॥
जेही सुरति तेहा तिन राहु ॥ लेखा इको आवहु जाहु ॥1॥
काहे जीअ करहि चतुराई ॥ लेवै देवै ढिल न पाई ॥1॥ रहाउ॥
तेर जीअ जीआ का तोहि ॥ कित कउ साहिब आवहि रोहि ॥
जे तु सहिब आवहि रोहि ॥ तू ओना का तेरे ओहि ॥2॥
असी बोलबिगाड़ विगाड़ह बोल ॥ तू नदरी अंदरि तोलहि तोल ॥
जह करणी तह पूरी मति ॥ करणी बाझहु घटे घटि ॥3॥
प्रणवति नानकु गिआनी कैसा होइ ॥ आपु पछाणै बूझै सोइ ॥
गुर परसादि करै बीचारु ॥ सो गिआनी दरगह परवाणु ॥4॥ 30॥

सिरी रागु

: 58 :

अछल छलाई नह छलै नह घाउ कटारा करि सकै ॥
जिउ साहिबु राखै तिउ रहै इसु लोभी का जीउ टलपले ॥1॥
बिनु तेल दीवा किउ जलै ॥1॥ रहाउ ॥
पोथी पुराण कमाईऐ ॥ भउ वटी इतु तनि पाईए॥
सचु बूझणु आणि जलाईऐ ॥2॥
इहु तेलु दीवा हउ जलै ॥ करि चानणु साहिबु तउ मिलै ॥1॥ रहाउ॥
इतु तनि लागै बाणीआ ॥ सुखु होवे सेव कमाणीआ ॥
सभ दुनीआ आवण जणीआ ॥3॥
विचि दुनीआ सेव कमाईऐ ॥ ता दरगह वैसणु पाईऐ ॥
कहु नानक बाह लुडाईऐ ॥5॥ 33॥

सिरी रागु

: 56 :

कर्म की धरती में शब्द का बीज डाल, सत्य के पानी से नित्य सींचा करो।
बनकर किसान ईमान पैदा करो, मूर्ख, तब जानोगे–
बहिश्त और दोजख होते हैं क्या?
मत समझो बातों बातों में पा जाओगे; धन का गर्व, रूप की शोभा–करते करते जन्म गँवाया;
तन के अवगुण कीचड़ जिसमें रहता है मन-मेढ़क, कीचड़ में है कँवल मगर मेढ़क को खबर नहीं है।
नित्य भँवर गुरु-भाषा बोले, बिना बुझाये कैसे बूझोगे?
यह मन तो माया में रत है, कहना सुनना पवन की वाणी।
एक प्रभु का ध्यान धरें जो, उन पर कुपा रहे स्वामी की; वे स्वामी के दिल पसन्द हैं।
रीजै तीस और पांच नमाजे साथी कर रखे हैं, सावधान शैतान इन्हें मत निष्फल कर दे।
नानक कहते तुम्हे मार्ग पर चलना, यह धन-धान्य किस लिये संचय करते? **(23-24)**

: 57 :

जितने भी है जीव सभी में एक सुरति है, सुरति-विहीन न कोई एक बनाया।
जैसी सुरति वैसा ही मार्ग, एक ही फल है–आवागमन।
काहे, जीव, करे चतुराई, लेन-देन में कोई ढील नहीं है।
सारे जीव हैं तेरे, तू जीवों का; इन पर कैसा तेरा क्रोध, स्वामी।
हे स्वामी, यदि कुछ है उन पर; तो भी तू उनका है, वे तेरे हैं।
हम बोले ऐसे बोल जो बात बिगाड़ें; तू अपनी कृपा दृष्टि से बोल परखता।
करनी है जहाँ वहाँ पूरी मति होती; करनी के बिना अधूरी, बहुत अधूरी।
नानक कहते हैं, ज्ञानी कैसा होता? निज को पहचाने, वही बूझता प्रभु को।
जो गुरु-प्रसाद से सदा मनन करता है, वह ज्ञानी प्रभु के चरणों में स्वीकृत है। ***(24-25)***

: 58 :

माया है अछल उसे कौन छल सकता? माया पर घाव कटारी कब कर सकती?
ज्यों स्वामी राखे त्यों रहे, इस लोभी का मन सदा व्यथित रहता है।
बिन तेल दिया कैसे जल सकता?
पोथी पुराण अपने आचरण में ढालें, प्रभु-भय की बाती अपने तन में डालें।
औ' सत्य-ज्ञान से अपना दिया जलायें, यह तेल दीप यों जलता है।
जब हो प्रकाश तब स्वामी मिलता है।
इस तन को बाण लगे, सुख होगा सेव किये।
सब दुनिया आनी जानी है।
दुनिया में सेवा करने से प्रभु-चरणों में जा बैठोगे।
नानक कहते तुम भुजा डुलाते प्रभु के पास पहुँच पाओगे। ***(25-26)***

: 59 :

राम नामि मनुबेधिआ अवरु कि करी वीचारु ॥
सबद सुरति सुखु ऊपजै प्रभु रातउ सुख सारु ॥
जिउ भावै तिउ राखु तू मैं हरिनामु अधारु ॥1॥
मन रे साची खसम रजाह ॥
जिनि तनु मनु साजि सीगारिआ तिसु सेती लिव लाइ ॥ रहाउ ॥
तनु बैसंतरि होमीऐ इक रती तोलि कटाइ ॥
तनु मनु समधा जे करी अनदिनु अगनि जलाइ ॥
हरिमामै तुलि न पुजई जे लख कोटी करम कमाइ ॥2॥
अरध सरीरु कटाईऐ सिरि करवतु धराइ ॥
तनु हैमंचलि शालीऐ भी मन ते रोगु न जाइ ॥
हरिनामै तुलि न पुजई सभ डिठी ठोकि वजाइ ॥3॥
कंचन के कोट दतु करी बहु हैवर गैवर दानु ॥
भुमि दानु गऊमा घणी भी अंतरि गरखु गुमानु ॥
राम नामि मनु बेधिआ गुरि दीआ सचु दानु ॥4॥
मन हठ बुधी केतीआ केते बेद बीचार ॥
केते बंधन जीअ के गुरमुखि मोखदुआरु ॥
सचहु औरै सभु को उपरि सचु आचारु ॥5॥
सभु को ऊचा आखीऐ नीचु न दीसै कोइ ॥
इकनै भाडे साजिऐ इकु चानणु तिहु लोइ ॥
करमि मिलै सचु पाईऐ धुरि बखस न मेटे कोइ ॥6॥
साधु मिलै साधु जनै संतोखु वसे गुर भाइ ॥
अकथ कथा वीचारीऐ जे सतिगुर माहि समाइ ॥
पी अंमृतु संतोखिआ दरगहि पैधा जाइ ॥7॥
घटि घटि वाजै किगुरी अनदिनु सबदि सुभाइ ॥
विरले कउ सोझो पई गुरमुखि मनु समझाइ ॥
नानक नामु न वीसरै छूटै सबदु कमाइ ॥8॥ 14॥

सिरी रागु असटपदीआ

: 60 :

मिहर मसीति सिदकु मुसला हकु हलालु कुराणु ॥
करणी काबा सचु पीरु कलमा करम निवाज ॥
सरम सुनति सीलु रोजा होहु मुसलमाणु ॥
तसबी साति सुभावसी नानक रखै लाज ॥1॥

: 59 :

राम नाम ने मन बींधा है और क्या करूँ विचार।
शब्द सुरति से सुख होता है, प्रभु-प्रेम में उत्तम सुख है।
जैसे तुझे भाये रख मुझ को, मुझे एक आधार प्रभू का नाम।
है मन स्वामी की इच्छा है सच्ची।
जिसने सृजन किया तन मन का और किया सिंगार, उसे से लगन लगा।
रत्ती-रत्ती काट के तन को, बैसन्तर में होमें।
तन मन की समिधा कर, प्रतिदिन अग्नि में आहुति दें।
ऐसे और भी लाखों कर्म करें, हरि-नाम के तुल्य नहीं हैं।
सिर कर्वत्र धरें, इस तन को दो खण्डों में काटें।
यह हिंमाचल में गल जायें, तो भी मन से रोग न जाये।
मैंने ठोंक बजा कर देखा, कर्म ये सारे तुल्य नहीं हरिनाम के।
कंचन-दुर्ग दान कर डालूँ, हयवर, गजवर दान।
भूमिदान, गोदान घना, मन से अभिमान न जाये।
राम नाम ने मन बींधा है, गुरु दिया सच दान।
मन हठ बुद्धि के और कितने ही साधन, वेद-भाष्य कितने हैं।
कितने ही आत्मा के बन्धन, मोक्ष-द्वार मिलता है गुरु द्वारा।
सत्य सभी से उच्च, उच्चतर सत्याचार।
सब को उच्च कहो, कहीं भी नज़र न आता नीच।
दूबी ने सारे पात्र बनाये, फैला है एक प्रकाश तीन लोकों में।
उसकी ही कृपा से सत्य प्राप्त होता है, यह मूल कृपा न कोई मिटा सकता है।
मिलता है साधु साधुजन से, गुरु भाव से मिलता है मन को सन्तोष।
सत्गुरु में यदि हो लीन, तो अकथ कथा पर सम्भव है विचार।
अमृत पीकर सन्तोष मिला, प्रभु के चरणों में पाया तब सम्मान।
यदि अनुदिन रहे शब्द में लीन, घट घट में उसकी वाणी की गुंजार।
विरलै को ही मिलता है यह ज्ञान, गुरु के द्वारा ही मन समझाया जाता।
मानक कहता है कि नाम बिसर न जाये, शब्द-साधना से ही मुक्ति मिलती है।

(62)

: 60 :

मिहर की मसीत और सिदक का मुसल्ला, नेक कमाई ही कुरान है।
डारम है सुन्नत और शील रोजा, ऐसा होने से होता मुसलमान है।
करनी का काबा, सत्य, पीर कलमा, करनी नमाज
तस्बीह शान्त स्वभाव है, नानक का है कथन कि मौला इज्ज़त रखेगा।

हकु पराइआ नानका उसु सूअर उसु गाइ ॥
गुरु पीरु हामा ता भरे जा मुरदारु न खाइ ॥
गली भिसति न जाईऐ छुटै सचु कमाइ ॥
मारण पाहि हराम महि होइ हलालु न जाइ ॥
नानक गली कूड़ीई कूड़ो पलै पाइ ॥2॥
पंजि निवाजा वखत पंज पंजा पंजे नाउ ॥
पहिला सचु हलाल दुइ तीजा खैर खुदाइ ॥
चउथी नीअति रासि मनु पजवी सिफति सनाइ ॥
करणी कलमा आखि कै ता मुसलमाणु सदाइ ॥
नानक जेते कूड़िआर कूड़ै कूड़ी पाइ ॥3॥

वार माझ, पउड़ी, 1 सलोक 1,2,3

: 61 :

मुसलमाणु कहावणु मुसकलु जा होइ ता मुसलमाणु कहावै ॥
अवलि अउलि दीनु करि मिठा मसकलमाना मालु मुसावै ॥
होइ मुसलिमु दीन मुहाणै मरण जीवण का भरमु चुकावै ॥
रब की रजाइ मैंने सिर उपरि करता मंने आपु गवावै ॥
तउ नानक सरब जीआ मिनहरमति होइ त मुसलमाणु कहावै ॥1॥

वार माझ, सलोक 1, पउड़ी 8

: 62 :

किआ खाधै किआ पैधै होइ ॥ जा मनि नाही सचा सोइ ॥
किआ मेवा किआ घिउ गुड़ मिठा किआ मैदा किआ मासु ॥
किआ कपड़ु किआ सेज सुखाली कीजहि भोग विलास ॥
किआ लसकर किआ नेव खवासी आवै महली वासु ॥
नानक सचे नाम विणु सभे टोल विणासु ॥2॥

वार माझ, पउड़ी 10, सलोक 2

: 63 :

खिमा गही ब्रतु सील संतोखं ॥ रोगु न बिआपै ना जम दोख ॥
मुकत भए प्रभ रूप न रेख ॥1॥
जोगी कउ कैसा डरु होइ ॥ रूखि बिरखि गृह बाहरि सोइ ॥1॥ रहाउ ॥
निरभउ जोगी निरंजनु धिआवै ॥ अनदिनु जागै सचि लिव लावै ॥
सो जोगी मेरे मनि भावे ॥2॥

हक पराया, नानक कहते हैं, मुसलमान को सुअर और हिन्दू को गाय।
सूझ पीर है तभी सहायक, यदि मुरदार न खाया जाये।
केवल बातों से बहिश्त पहुँचा न जाये, सच कमाने से निजात मिलती है।
यदि हराम में डालें बहुत मसाला, वह हलाल हरगिज न होता।
नानक का है कथन, कि झूठ बातों से झूउ ही पल्ले पड़ता है।
पाँच नमाजें, पाँच वक्त और पाँच ही उन के नाम।
पहला सत्य, हलाल दूसरा और तीसरा खैर खुदा की।
तीसरा नेक नमाज है चौथी और पांचवी सिफ्त सनाह।
करनी का कलमा पढ़ो, यों मुसलमान कहलाओ।
नानक का है कथन कि जितने भी झूटे हैं, उन्हें मिलेगी जगह अपने झूट के मुताबिक।

(140-41)

: 61 :

मुसलमान कहलाना मुश्किल है, होवे तो कहलाये।
अव्वल वलियों के बतलाए दीन से प्यार करे और खुदी का मन से जंग उतारे,
लुटा दे अपना सारा माल।
दीन के रहबर पर पक्का विश्वास करे, जीने और मरने का फर्क मिटा दे।
रब की रजा सिर पर माने, खालक को माने और खुदी गँवा दे।
मानक कहते हैं कि तब वह सर्व जीव-जाति पर मिहर करे, ऐसा हो तो मुसलमान कहलाये।

(*141*)

: 62 :

खाने और पहनने से क्या होगा, जब मन में वह सच्चा प्रभु नहीं है?
कैसा मेवा, घी, गुड़ मीठा; कैसा मैदा, मांस?
कैसे वस्त्र, सुखद शैय्या, और कैसा भोग-विलास?
लश्कर, नायब और गुलामों से क्या होगा? महलों में रहने से लाभ?
सच्चे नाम के बिना सारा आडम्बर मात्र विनाश। (*142*)

: 63 :

क्षमा ग्रहण कर जो लेते व्रत शील और सन्तोष का, उन्हें न लगता रोग और यम-दोष।
वे हो जाते मुक्त प्रभु, न जिसका रंग रूप।
योगी को कैसा डर? रूक्ष वृक्ष में, घर बाहर वह प्रभु है।
निर्भय योगी निरंजन का ध्यान धरे; अनुदिन जागे, रहे सत्य में लीन।
वह योगी मेरे मन भावे।

कालु जालु ब्रहम अगनी जारे ॥ जरा मरण गतु गरबु निवारे ॥
आपि तरै पितरी निसतारे ॥3॥
सतिगुरु सेवे सो जोगी होइ ॥ मै रचि रहै सु निरभउ होइ ॥
जैसा सेवै तैसो होइ ॥4॥
नर निहकेवल निरभउ नाउ ॥ अनाथह नाथ करे बलि जाउ ॥
पुनरपि जनमु नाही गुण गउ ॥5॥
अंतरि बाहरि एको जाणै ॥ गुर कै सबदे आपु पछाणै ॥
साचै सबदि दरि नीसाणै ॥6॥
सबदि मरै तिसु निज धरि बासा ॥ आवै न जावै चूकै आसा ॥
गुर कै सबदि कमलु परगासा ॥7॥
जो दीसै सो आस निरासा ॥ काम क्रोध बिखु भूख पिआसा ॥
नानक विरले मिलहि उदासा ॥8॥ 7॥

गउड़ी असटपदीआ

: 64 :

ऐसी दासु मिलै सुखु होई ॥ दुखु विसरै पावै सचु सोई ॥1॥
दरसनु देखि भई मति पूरी ॥ अठसठि मजनु चरनह धूरी ॥1॥ रहाउ ॥
नेत्र संतोखे एक लिव तारा ॥ जिहवा सूची हरिरस सारा ॥2॥
सचु करणी अभअंतरि सेवा ॥ मनु तृपतसिआ अलख अभेवा ॥3॥
जह जह देखउ तह तह साचा ॥ बिनु बूझे झगरत जगु काचा ॥4॥
गुरु समझावै सोझी होई ॥ गुरमुखि बिरला बूझै कोई ॥5॥
करि किरपा राखहु रखवाले ॥ बिनु बूझै पसु भए बेताले ॥6॥
गुरि कहिआ अवरु नही दूजा ॥ किसु कहु देखि करउ अन पूजा ॥7॥
संत हेति प्रभि त्रिभवण धारे ॥ आतमु चीनै सु ततु बीचारे ॥8॥
साचु रिदै सचु प्रेम निवास ॥ प्रणवति नानक हम ता के दास ॥9॥ 8॥

गउड़ी असटपदीआ

: 65 :

गुर का सबदु मनै महि मुद्रा खिंथा खिमा हढावउ ॥
जो किछु करै भला करि मानउ सहज जोग निधि पावउ ॥1॥
बाबा जुगता जीउ जुगह जुग जोगी परम तंत महि जोग ॥
अमृतृ नामु निरंजन पाइआ गिआन काइआ रस भोग ॥1॥ रहाउ ॥
सिव नगरी महि आसणि बैसउ कलप तिआगी बाद ॥
सिडी सबदु सदा धुनि सोहै अहिनिसि पूरै नादं ॥2॥

ब्रह्म-ज्वाल से काल-जाल को कर दे भस्मीभूत, जरा मरण गत होते, होता गर्व-निवारण।
स्वयं मुक्त होता और करता पितरों का निस्तार।
सत्गुरु की सेवा करता सो जोगी; प्रभु के भय में रहकर निर्भय होता।
जिसकी सेवा करे वैसा हो जावे।
उम निर्लिप्त पुरुष के मैं बलि जाऊँ, निर्भय जिसका नाम जो अनाथ को नाथ करे।
उसके गुण गाने से जन्म पुनः न होगा।
अन्दर बाहर एक ही जाने; गुरु के शब्द आत्म पहचाने।
सत्य शब्द द्वारा पा लेता प्रभु का द्वार।
शब्द मरे उसका होता है निज घर में आवास; आशातीत वह जन्म-भरण से हो जाता है मुक्त।
गुरु के शब्द द्वारा कमल खिल उठता।
जहाँ देखता हूँ दिखती है आशा और निराशा; काम, क्रोध, विष, भूख, प्यास।
नानक का है कथन कि ऐसे जन विरले मिलते हैं जो रहते है उदासीन।

(223-24)

: 64 :

ऐसा दास मिले तो सुख होता है; दुःख विसर जाता है, सच मिलता है।
तप के दर्शन से होती मति पूरी; उसका चरण-धूलि अठसठ तीर्थ-स्नान।
मेघों में सन्तोष, एक में लगन लगी है; जिह्व शुचि, हरि-रस का सार चखा है।
करनी सच, अभ्यन्तर सेवा; अलख अभेव प्रभु के मिलने से यह मन तृप्त हुआ है।
देखूँ जिधर, वहीं दिखता प्रभु सच्चा; उसको बूझे बिना झगड़ता है जग कच्चा।
गुरु के समझाने से ही समझोगे, विरला कोई गुरुमुख उसको बूझे।
रक्षक, रक्षा करो, कृपा अपनी से; बिना ज्ञान हम पशु बेताल।
गुरु ने कहा कि और दूसरा कोई नहीं, अन्य किसे देखूँ और पूजूँ?
संत हेतु प्रभु त्रिभुवन धारे; है सन्त वही जो आत्म चीन्ह कर तत्त्व बिचारे।
सत्य हृदय में सत्य प्रेम बसता है; नानक की है प्रणति, मैं उसका दास।

(224)

: 65 :

मन में गुरु का शब्द यही मुद्रा है और क्षमा की गुदड़ी पहनो।
जो वह करे, भला समझ स्वीकार करो, सहज योग-निधि पाओ।
बाबा, परम तत्त्व से जो जुड़ता है, वह युग युग तक योगी रहता।
नाम निरंजन अमृत उसने पाया, ज्ञानरस चखती उसकी काया।
शिव नगरी आसन पर बैठो, त्यागो सभी कल्पना वादविवाद।
गिगी शब्द, सदा ध्वनि सुन्दर, अहिनिशि पूरे नाद।

पतु वीचारु गिआन मति डंडा वरतमान विभूतं ॥
हरि कीरति रहरासि हमारी गुरमुखि पंथु अतीतं ॥3॥
सगली जोति हमारी संमिआ नाना वरन अनेकं ॥
कहु नानक सुणि भरथरि जोगी पारब्रह्म लिव एकं ॥4॥ 3॥ 37॥

राग आसा

[मन को एकग्र करने के लिए योगी मदपान किया करते थे। योगियों ने ऐसा ही एक प्याला गुरु नानक देव को भी पेश किया। यह पद उसी के प्रत्युत्तर में है।]

: 66 :

गुड़ करि गिआनु धिआनु करि धावै करि करणी कसु पाईऐ ॥
भाठी भवनु प्रेम का पोचा इतु रसि अमिउ चुआईऐ ॥1॥
बाबा मनु मतवारो नाम रसु पीवै सहज रंग रचि रहिआ ॥
अहिनिसि बनी प्रेम लिव लागी सबदु अनाहद गहिआ ॥1॥ रहाउ ॥
पूरा साचु पिआला सहजे तिसहि पीआए जा कउ नदरि करे ॥
अंमृत का वापारी होवै किआ मदि छूछै भाउ धरे ॥2॥
गुर की साखी अमृत वाणी पीवत ही परवाणु भइआ ॥
दर दरसन का प्रीतमु होवै मुकति बैकुंठै करै किआ ॥3॥
सिफती रता सद बैरागी जूऐ जनमु न हारै ॥
कहु नानक सुणि भरथरि जोगी खीवा अंमृत धारै ॥4॥ 4॥ 38॥

राग आसा

पात्र-विचार, ज्ञान-मति दण्ड, वर्तमान विभूति।
हरि-कीर्तन जीवन-चर्या है, यह गुरुमुख का पंथ अतीत।
नाना वर्णों में फैली जो ज्योति, वही है योगी की आधारी।
नानक कहें सुनो भर्तृहरि, योगी परब्रह्म लिव एक।

(359-60)

: 66 :

ज्ञान का गुड़, ध्यान के धावे, करनी कीकर-छिलका।
भवन की भट्ठी, लेप प्रेम का, अमृतरस चूएगा।
बाबा, मन मतवारा हुआ प्रेम रस पान किए मस्त सहज के रँग में।
अहिनिशि रहे प्रेम लिव लागी शब्द अनाहत ग्रहण किया।
सहज-प्याला भरा लबालब सच से, जिस पर कृपा-दृष्टि होती है उसे पिलाया जाता है।
अमृत का व्यापारी, कैसे ओछे मद्य से प्रेम करे?
अमृतवाणी का साक्षी है स्वयं गुरु, इसे पान करते ही मै स्वीकार हुआ।
दर-दर्शन का जो प्रेमी है, उसे मुक्ति बैकुण्ठ से क्या लाना है?
प्रभु की स्तुति में लीन सदा बैरागी, कभी न हारे जन्म जुए में अपना?
नानक कहते सुन भर्तृहरि, योगी अमृत पान किये मस्ती में रहता।

(360)

भाग – तीन

लक्ष्य प्राप्ति के साधन

सद्गुरू

गुरा इक देहि बुझाई।
सभना जीआ का इकु दाता सो मै विसरि न जाई॥[1]

जपु पउड़ी 6

---

1. *हे गुरु ज्ञान दो मुझे उस एक का,*
जो है सभी जीवों का दाता, उसे मैं कभी भूल न जाऊँ।

गुरु की आवश्यकता

: 67 :

बिनु सतिगुर किनै न पाइओ बिनु सतिगुर किनै न पाइआ ॥
सतिगुर विचि आपु रखिओनु करि परगटु आखि सुणाइआ ॥
सतिगुर मिलिऐ सदा मुकतु है जिनि विचहु मोहु चुकाइआ ॥
उतमु एहु वीचारु है जिनि सचे सिउ चितु लाइआ ॥
जन जीवनु दाता पाइआ ॥6॥

वार आसा, पउड़ी 6

: 68 :

जे तू तारू पाणि ताहु पुछु तिड़न्ह कल ॥
ताहू खरे सुजाण वंझा एनी कपरी ॥3॥

सलोक वारा ते ववीक

गुरु के गुण

: 69 :

सो गुरु करउ जि साचु दृड़ावै ॥ अकथु करावै सबदि मिलावै ॥
हरि के लोग अवर नहीं कारा ॥ साचउ ठाकरु साचु पिआरा ॥2॥
तन महि मनूआ मन महि साचा ॥ सो साचा मिलि साचे राचा ॥
सेवकु प्रभ कै लागै पाइ ॥ सतिगुरु पूरा मिलै मिलाइ ॥3॥ *धनासरी असटपदीआ*

: 70 :

एक महि सरब सरब महि एका एह सतिगुरि देखि दिखाई ॥5॥
जिनि कीए खंड मंडल ब्रहमंडा सो प्रभु लखनु न जाई ॥6॥
दीपकु ते दीपकु परगासिआ त्रिभवण जोति दिखाई ॥7॥
सचै तखति सच महली बैठे निरभउ ताड़ी लाई ॥8॥
मोहि गइआ बैरागी जोगी घटि घटि किगुरी वाई ॥9॥
नानक सरणि प्रभू की छूटे सतिगुर सचु सखाई ॥10॥ *रामकली दखणी*

: 71 :

पुरे गुर ते नामु पाइआ जाइ ॥ जोग जुगति सचि रहै समाइ ॥
बारह महि जोगी भरमाए सनिआसी छिप चारि ॥
गुर कै सबदि जो मरि जीवै सो पाए मोख दुआरु ॥

: 67 :

सत्गुरु बिना किसी ने उसको कभी न पाया था, किसी ने कभी न पाया है।
सत्गुरु में वह स्वयं स्थित है, गुरु ने प्रकट किया और कहकर सब को सुना दिया।
सत्गुरु के मिलने से मुक्ति सदा मिलती है, वह अन्दर से मोह चुकाता है।
उत्तम यही विचार है कि जो सच्चे से अपना चित्त लगाते हैं–
वे जग-जीवन-दाता पाते हैं।

(466)

: 68 :

यघपि तैर सके तू पानी में, तदपि सीख ले कला कुशल तैराकों से–
जो ये भँवरजाल तैर कर पार हुए हैं।

(1410)

: 69 :

ऐसे गुरु के शिष्य बनो, जो सत्य में दृढ़ कर देवे; अकथा कथा दे, सत्य मिला दे।
हरिजन को अन्य कार्य नहीं कोई, सच्चे ठाकुर और सत्य से उन्हें प्रेम है।
तन में, मन में, प्रभु सच्चा, वह सच्चा जो सच्चे से मिलकर उसका ही रूप हो गया।
सेवक प्रभु के चरण गहे, सत्यगुरु पूरा मिले, मिला देगा वह प्रभु से। ***(686)***

: 70 :

एक में सर्व, सर्व में एक, सत्गुर ने यह देखा और दिखाया।
जिसने रचे खण्ड, मण्डल, ब्रह्माण्ड वह प्रभु लखा न जाये।
गुरु ने दीपक से दीपक आलोकित किया और त्रिभुवन में ज्योति दिखा दी।
सत्य महल में सत्य तख्त पर बैठा निर्भय, गुर ने उसमें लौ लगा दी।
मोह गया, जोगी बैरागी हुआ, घट घट में उसकी किंगरी का वादन होता।
नानक शरण प्रभु की, सत्य सखा सत्गुर के कारण मुक्ति मिली है। ***(907)***

: 71 :

पूरे गुरु से नाम प्राप्त होता है; योग-मुक्ति है यही सत्य में लीन रहो।
योगी भटक रहे बारह पंथों में, सन्यासी छः चार में।
गुर के शब्द द्वारा जो जन मर कर जीवे, उसे मिलेगा मोक्ष-द्वार।

बिनु सवदै सभि दूजै लागे देखहु रिदै बीचारि ॥
नानक वडे से वडभागी जिनी सचु रखिआ उरधारि ॥34॥

रामकली सिध गोसटि

गुरु का कार्यक्रम

: 72 :

गुणवंती गुण बीथरै अउगुणवती झूरि ॥
जे लोड़हि वरु कामणी नह मिलीऐ पिर कूरि ॥
ना बेड़ी ना तुलहड़ा ना पाईऐ पिरु दूरि ॥1॥
मेरे ठाकुर पूरै तखति अडोलु ॥
गुरमुखि पूरा जे करे पाईऐ साचु अतोलु ॥1॥ रहाउ॥
प्रभु हरिमंदरु सोहणा तिसु महि माणक लाल ॥
मोती हीरा निरमला कंचन कोट रीसाल ॥
बिनु पउड़ी गड़ि किउ चड़उ गुर हरि धिआन निहाल ॥2॥
गुरु पउड़ी बेड़ी गुरु गुरु तुल्हा हरिनाउ ॥
गुरु गुरु सागरु बोहिथो गुरु तीरथ दरीआउ ॥
जे तिसु भावै ऊजली सतसरि नावणु जाउ ॥3॥
पूरौ पूरौ आखीऐ पूरै तखति निवास ॥
पूरै थानि सुहावणै पूरै आस निरास ॥
नानक पूरा जे मिलै किउ घाटै गुणतास ॥4॥9॥

सिरी रागु

: 73 :

अंमृतु नीरु गिआनि मन मजनु अठसठि तीरथ संगि गहे ॥
गुर उपदेसि जवाहर माणक सेवे सिखु सो खोजि लहै ॥
गुर समानि तीरथ नहीं कोइ ॥ सरु संतोखु तासु गुरु होइ ॥1॥ रहाउ॥
गुरु दरीआउ सदा जलु निरमलु मिलिआ दुरमति मैलु हरै ॥
सतिगुरि पाईऐ पूरा नावणु पसू परेतहु देव करै ॥2॥
रता सचि नामि तल हीअलु सो गुरु परसलु कहीऐ ॥
जाकी वासु बनासपति सउरै तासु चरण लिव रहीऐ ॥3॥
गुरुमुखि जीअ प्रान उपजहि गुरमुखि सिव घरि जाईऐ ॥
गुरमुखि नानक सचि समाईऐ गुरमुखि निज पदु पाईऐ ॥4॥9॥

प्रभाती

शब्द बिना सब द्वैत-भाव में रत है, उर में विचार कर देखो।
नानक का है कथन कि वे बड़भागी, कर रखा सत्य जिन्होंने उर में धारण।

(941-42)

: 72 :

गुणवती करती है प्रिय के गुणों का विस्तार, अवगुणवती से रहती है दूर।
कामिनी, यदि चाहती हो अपने प्रिय को पाना, वह नहीं मिलता अनृत द्वारा।
प्रिय है दूर पाए तेरे पास नाव न तुल्हा, कैसे पहुँचेगी उसके पास?
ठाकुर मेरे बैठे हैं अपने अचल तख्त पर।
कोई गुरमुख मुझे बना दे पूर्ण, तो प्राप्त होगा वह अतुल्य सत्य।
प्रभु है हरिमन्दिर सुन्दर, उसमें हैं माणिक मोती।
प्रभु है मोतियों, हीरों और निर्मल कंचन का बना दुर्ग रसाल।
बिना सीढ़ियों के कैसे चढ़ूँ गढ़ पर? गुरु है हरि के ध्यान में प्रसन्न, उन्हीं के द्वारा तू गढ़ पर चढ़ेगी।
गुरु है सीढ़ी, गुरु है नाव, गुरु है तुल्हा हरिनाम से लदा।
गुरु है इस महासागर का जहाज, गुरु है तीर्थ इस दरिया पर।
यदि उसकी कृपा हो, तो इस सत्य-सरिता में स्नान कर, उज्जवल हो जा।
जिसे कहते हैं पूर्णतिपूर्ण, वह निवास करता है पूर्ण सिंहासन पर।
वह स्थान पूर्ण और सुन्दर, वहाँ हर निराशा की आशा पूर्ण होती है।
नानक का कथन है, वह पूर्ण यदि मिल जाए, तो क्यों घटेगा गुणों का खजाना।

(17)

: 73 :

ज्ञान अमृत जल में मन करता है स्नान, इस जल में हैं अड़सठ तीर्थों का संगम।
गुर का उपदेश है जवाहर और माणिक, जो शिष्य करता है सेवा, वही खोजकर प्राप्त करे।
कोई तीर्थ नहीं गुरु के समान; गुरु है संतोष का सरोवर।
शुर हे दरिया जिसका जल सदा निर्मल, मिलने से कटती है दुर्मति की मैल।
सत्गुरु का मिलना है, पूर्ण स्नान, वह पशु और पिशाच को बना देता है देवता।
गुरु गहन मन से नाम में रंगा है, गुरु को कहते हैं परिमल।
जिसकी सुगन्धि से वनस्पति सँवर जाती है, उसके चरणों में ध्यानमग्न रहिये।
गुर के द्वारा जीव में पुनः प्राण आते हैं, गुर के द्वारा ही शिवगृह में जाते हैं।
नानक का कथन है, गुरु के द्वारा ही सत्य में समाते हैं।
गुर के द्वारा ही निज पद को पाते हैं। *(1328-29)*

गुरु की शरण में जाने का फल

: 74 :

गृहु बनु समसरि सहजि सुभाई ॥ दुरमति गतु भई कीरति ठाइ ॥
सच पउड़ी साचउ मुखि नाउ ॥ सतिगुरु सेवि पाए निज थाउ ॥1॥
मन चूरे खटु दरसन जाणु ॥ सरब जोति पूरन भगवानु ॥1॥ रहाउ ॥
अधिक तिआस भेख बहु करै ॥ दुखु बिखिआ सुखु तनि परहरै ॥
कामु क्रोधु अंतरि धन हिरै ॥ दुविधा छाडि नाभि निसतरे ॥2॥
सिफति सलाहणु सहज अनंद ॥ सखा सैनु प्रेमु गोबिंद ॥
आपे करे आपे बखसिंदु ॥ तनु मनु हरि पहि आगै जिंदु ॥3॥
झूठ विकार महा दुखु देह ॥ भेख वरन दीसहि समि खेह ॥
जो उपजै सो आवै जाइ ॥ नानक असथिरु नामु रजाइ ॥4॥11॥

आसा

: 75 :

नानक गुरु संतोखु रुखु धरमु फुलु फलु गिआनु ॥
रसि रसिआ हरिआ सदा पकै करमि विआनि ॥
पति के साद खादा लहै दाना के सिरि दानु ॥1॥ म01 ॥
सुइने का बिरखु पत परवाला फुल जवेहर लाल ॥
तितु फल रतन लगहि मुखि भाखित हिरदै रिदै निहालु ॥
नानक करमु होवै मुखि मसतकि लिखिआ होवै लेखु ॥
अठसठि तीरथ गुर की चरणी पूजे सदा विसेखु ॥
हंसु हेतु लोभु कोपु चारे नदीआ अगि ॥
पवहि दझहि नानका तरीऐ करमी लगि ॥2॥

वार माझ पउड़ी 20 सलोक 1, 2

: 76 :

सतिगुर विटहु वारिआ जितु मिलिऐ खसमु समालिआ ॥
जिनि करि उपदेसु गिआन अंजनु दीआ इन्ही नेत्री जगतु निहालिया ॥
खसमु छोडि दूजै लगे डुबे से वणजारिआ ॥
सतिगुरू है बोहिथा विरलै किनै वीचारिया ॥
करि किरपा पारि उतारिआ ॥13॥

वार आसा पउड़ी 13

: 74 :

घर और वन उसे सहज ही समान है; दुर्मति विगत हुई, प्रभु की कीर्ति में मन टिक जाता है।
सत्य की सीढ़ी है सत्यनाम मुख में; सत्गुरु की सेवा से निज स्थान पाता है।
मन का वश होना है षड्दर्शन का ज्ञान; सर्व ज्योति पूर्ण भगवान।
बहुत वेष करने से तृष्णा बढ़ जाती है; विषयों से होता है दुःख, सुख तन को तेज देता है।
काम, क्रोध हर लेते हैं अन्तर का धन; दुविधा छोड़कर नाम से होगा निस्तार।
प्रभु-गुणगान से मिलता है सहज आनन्द; प्रभु का प्रेम होता है सखा और सम्बन्धी।
जिसने हमें जन्म दिया वही कृपा करता है; अर्पित है तन मन हरि के पास,
उसी के सम्मुख रख दिये प्राण।
असत्य और विषयासक्ति देह को बहुत दुःख देते हैं; वेष और वर्ण व्यर्थ दीख पड़ते हैं।
जो भी उत्पन्न हुआ वह आयेगा, जायेगा; नानक का कथन है नाम की रजा में जो रहता वह स्थिर है।

(*351-52*)

: 75 :

नानक का कथन है, गुरु है सन्तोष-वृक्ष, धर्म-फूल, ज्ञान-फल।
वह सदा हरित और रसपूर्ण है, कर्म और ध्यान से यह फल पकता है।
जो इसे खाता है, पति के संयोग का आस्वाद पाता है; गुरु का दान सर्वोत्तम दान है।
गुरु है स्वर्ण-वृक्ष, मूँगे के पत्ते, फूल जवाहरात और लाल।
उस में लगे हैं फल-रत्न; गुरु हृदय-मुख से निकलते जो बोल, वे हृदय को हरि-प्रसन्न करते हैं।
नानक का कथन है यदि उसकी कृपा हो, और मस्तक पर हो उत्तम भाग्य रेखा–
तो मिल जाते हैं गुरु चरणी में अड़सठ तीर्थ, पूजता है व्यक्ति उन्हें विशेष जानकर।
हिला और मोह, लोभ और क्रोध, ये हैं चार आग की नदियाँ।
नानक का कथन है इन में जो डूबते दग्ध हो जाते है; गुरु की कृपा यदि मिले, तैरकर पार हो जाते हैं।

(147)

: 76 :

सत्गुरु पर बलिहारी, जिसके मिलने से मुझे स्वामी स्मरण हुआ है।
जिसने उपदेश किया और ज्ञान-अंजन दिया आँखों में आँज कर मैने यह जगत् देखा।
स्वामी को छोड़कर दूजे से प्रेम करे, वह अवश्य डूबेगा, कैसा वह बनिजारा !
सत्गुरु है बोहित, किसे बिरले को सूझा यह विचार।
वह अपनी कृपा से पार ले जाता है।

(*470*)

: 77 :

सचा सतिगुरु सेवि सचु सम्हालिआ ॥ अंति खलोआ आइ जि सतिगुर अगै घालिआ ॥
पोहि न सकै जमकालु सचा रखवालिआ ॥ गुर साखी जोति जगाइ दीवा बालिआ ॥
मनमुख विणु नावै कूड़िआर फिरहि बेतालिआ ॥ पसू माणस चंमि पलेटे अंदरहु कालिआ ॥
सभो वरतै सचु सचै सबदि निहालिआ ॥ नानक नामु निधानु है पूरै गुरि देखालिआ ॥14॥

वार मलार, पउड़ी, 14

शब्द के द्वारा ही गुरु सिख को सँवारता है

: 78 :

गुरुमुखि नाद गुरमुखि वेद गुरमुखि रहिआ समाई ॥
गुरु ईसरु गुरु गोरखु बरमा गुरु पारबती माई ॥
जे हउ जाणा आखा नाही कहणा कथनु न जाई ॥
गुरा इक देहि बुझाई ॥ सभणा जीआ का इकु दाता सो मैं विसरि अत जाई ॥5॥

जपु पउड़ी 5

: 79 :

सतिगुर सबदी पाधरु जाणि ॥ गुर कै तकीऐ साचै ताणि ॥
नामु सम्हालसि रूढ़ी वाणि ॥ थै भावै दरु लहसि पिराणि ॥2॥
ऊडां वैसा एक लिवतार ॥ गुर कै सबदि नाम आधार ॥
ना जलु डूँगरु न ऊची धार ॥ निज घरि वासा तह मगु न चालणहार ॥3॥
जितु घरि वसहि तूहै बिधि जाणहि बीजउ महलु न जापै ॥
सतिगुर बाझहु समझ न होवी सभु जगु दबिआ छापै ॥
करण पलाव करै बिललावउ बिनु गुर नामु न जापै ॥
पल पंकज महि नामु छडाए जे गुर सबदु सिआपै ॥4॥
इकि मूरख अंधे मुगध गवार ॥ इकि सतिगुर कै भै नाम आधार ॥
साची बाणी मीठी अंमृत धार ॥ जिनि पीति तिसु मोखदुआर ॥5॥
नामु मै भाइ रिदै बयाही गुर करणी सचु बाणी ॥
इंदु बरसै घरति सुहावी घटि घटि जोति समाणी ॥
कालरि बीजसि दुरमति ऐसी निगुरे की नीसाणी ॥
सतिगुर बाझहु घोर अंधारा डूबि मुए बिनु पाणी ॥6॥

मलार असटपदीआं

: 77 :

सत्गुरु की सेवा से सत्य का ज्ञान मिला।
सत्गुरु के सम्मुख जो भी श्रम मैंने किया उसी ने अंततः मेरी सहायता की।
सच्चा मेरा रक्षक है, मुझ पर प्रभाव नहीं अब यमकाल का।
गुरु शिक्षा से मैंने ज्योति उज्जवलित की, दीपक जलाया है।
मनमुख हैं झूटे, नाम से विहीन, बेताल भटक रहे हैं ; मानव के चर्म में लिपटे वे पशु है, अन्दर से काले हैं।
व्यापक है सत्य सभी जगह, शब्द के द्वारा मैंने यही निहारा है।
नानक कहते हैं नाम है खज़ाना, पूर्ण गुरु ने मुझे निधि यह दिखाई है।

(*1284*)

: 78 :

गुरु-शब्द नाद, गुरु शब्द वेद, गुरु के शब्द में ही वह समा रहा है।
गुरु है शिव, गोरख और ब्रह्मा गुरु ही पार्वती माता।
उसे मैं जानूं तो भी कह न पाऊँगा, उसका कथन वाणी से सम्भव ही नहीं है।
हे गुरु, ज्ञान दो मुझे उस एक का–
जी है सभी जीवों का दाता, उसे मैं कभी भूल न जाऊँ।

(*2*)

: 79 :

सत्गुरु के शब्द से मार्ग पहचान लें; गुरु अवलम्ब से सत्य-शक्ति मिलती है।
सुंदर वाणी से नाम स्मरण कर ले; तेरी इच्छा से मिलती है प्राणी को द्वार की पहचान।
एक में लौ लगाकर बैठा हुआ भी उड़ता हूँ, गुरु के शब्द से नाम आधार है।
निज घर में रहते हुए किसी मार्ग पर चलना नहीं पड़ता; बाधा कोई नहीं न जल, न पर्वत, न उच्च धारा।
जिस घर में तेरा आवास उसकी दशा को तू ही है जानता; तेरे बिन दूसरा आश्रय नहीं दिखता।
सत्गुरु के बिना समझ ही नहीं पड़ती कि सारा जगत् दबा है काबूस के नीचे।
करते हैं अन्दन और विलाप, गुरु के बिना नाम का ज्ञान नहीं होता।
यदि गुरु-शब्द का परिचय मिल जाये, निमिष मात्र में नाम मुक्ति दिलवाता है।
कुछ तो हैं अन्धे, मुग्ध, गँवार; कुछ सत्गुरु के भय में रहते हैं, उन्हें है नाम का आधार।
सच्ची वाणी है मीठी अमृत-धारा; जो इसे पी लेता है, उसके लिए खुलता है मोक्ष-द्वार।
जो नाम का रखते हैं भय और भाव, हृदय में बसाते हैं गुरु-करनी और गुरुवाणी।
इन्द्र वर्षा करते हैं, धरती हरी भरी हो जाती है, घट घट में उसी की ज्योति समा जाती है।
ऊसर धरती में दुर्मति बीज बीजता है, यही है निगुरे की निशानी।
सत्गुरु के बिना है ओर अंधकार, लोग बिना पानी ही यहाँ डूब जाते हैं।

(*1275*)

गुरु-शब्द ही गुरु है

: 80 :

सबदु गुर पीरा गहिर गंभीरा बिनु सबदै जगु बउरान ॥
पूरा बैरागी सहजि सुझागी सचु नानक मनु मान ॥8॥1॥

सोरठ असटपदीआ

: 81 :

भनति नानकु करे वीचारु ॥ साची बाणी सिउ धरे पिआरु ॥
ता को पावै मोख दुआरु ॥ जपु तपु सभु इतु सबदु है सारु ॥5॥2॥4॥

धनासरी

आरतो[1]

: 82 :

गगन मैं थालु रवि चंदु दीपक बने तारिका मंडल जनक मोती ॥
धूपु मलआनलो पवणु चवरो करे सगल बनराइ फूलंत जोती ॥1॥
कैसी आरती होइ भव खंडना तेरी आरती ॥
अनहता सबद वाजंत भेरी ॥1॥ रहाउ॥
सहस तव नैन नन नैन है, तोहि कउ सहस मूरति नना एक तोहि ॥
सहस पद विमल नन एक पद गंध बिनु सहस तव गंध इव चलत मोही ॥2॥
सभ माहि जोति जोति है सोइ ॥ तिस कै चनणि सभ महि चानणु होइ ॥
गुर साखी जोति परगटु होइ ॥ जो तिसु भावै सु आरती होइ ॥3॥
हरि चरण कमल मकरद लोभित मनो अनदिनो मोहि आही पिआसा ॥
कृपा जलु देहि नानक सारिंग कउ होइ जा ते तेरै नाभि वासा ॥4॥ 1॥ 7॥ 8॥

–धनासरी

---

1. *गुरु नानक देव जब जगन्नाथ के मन्दिर (पुरी उड़ीसा) में गये। सन्ध्या के समय पुजारियों ने उन्हें जगन्नाथ-मूर्ति की आरती में शामिल होने के लिए कहा। एक थाली में दिए जला रखे थे। धूप भी जलाया गया था। मूर्ति पर फेकने के लिए फूल भी रखे हुए थे। गुरु नानक देव जी ने इस शब्द की रचना की कि मेरे ईश्वर की आरती तो स्वयंमेव हो रही है।*

: 80 :

शब्द है गुरु पीर, गहन गम्भीर, शब्द के बिना जगत है बावरा।
नानक का मन मान गया, वह है पूर्ण वैरागी, सहज सौभाग्यशाली।

(***635***)

: 81 :

नानक कहता है सच्ची वाणी से प्रेम करे, इस पर विचार करे–
तो पायेगा वह मोक्ष-द्वार, शब्द है जप तप का सार।

(***661***)

: 82 :

आकाश है थाली, रवि चन्द्र है दीपक, तारिका-मण्डल मानो मोती है।
धूप मलयानिल, पवन चँवर डुलाता है, सकल वनस्पति के फूल ज्योति हैं।
कैसी आरती हो रही तेशे, हे भवखण्डन।
अनाहूत शब्द मानो बजती है मेरी।
सहस्र तव नयन, एक भी नया नहीं तेरा, सहस्र है मूर्तियाँ, एक भी मूर्ति नहीं तेरी।
सहस्र पद निर्मल तेरे है, तेरा तो एक भी पद नहीं; गन्धहीन तू, सहस्र तव गन्ध है।
तेरी इस लीला ने येरा मन मोह लिया।
सभी में ज्योति है, वही तो ज्योति है; उसी के आलोक से सारे आलोकित है।
गुरु की शिक्षा से ज्योति प्रकट होती है, उसे जो भाता है वही आरती है।
हरि-चरण कंवल-मक्रन्द पर मेरा मन लुब्ध है, अनुदिन मुझे है उसी की प्यास।
नानक-चातक को दो कृपा-जल, जिससे हो जाए तेरे नाम में आवास।

(***663***)

सांसारिक वस्तुएँ अस्थिर है

: 83 :

धनु जोवनु अरु फुलड़ा नाठीअड़े दिन चारि ॥
पवणि केरे पत जिउ ढलि ढुलि जुंमणहार ॥1॥
रंगु माणि लै पिआरिआ जा जोबनु नउ हुला ॥
दिन थोड़ड़े थके भइआ पुराणा चोला ॥1॥ रहाउ॥
सजण मेरे रंगुले जाइ सुत्ते जीराणि ॥
हंमी वंआ डुंमणी रोवा झीणी बाणि ॥2॥
कर्ा न सुणेही गोरीए आपण कंनी सोइ ॥
लगी आवहि साहुरै नित न पेईआ होइ ॥3॥
नानक सुती पेईऐ जाणु विरती संनि ॥
गुणा गवाई गंठडी अवगण चली बंनि ॥4॥ 24॥

–सिरी रागु

: 84 :

दर धर महला सोहणे पके कोट हजार ॥
हसती घोड़े पाखरे लसकर लख अपार ॥
किसही नालि न चलिआ खपि खपि मुए असार ॥3॥
सुइना रुपा संचीऐ मालु जालु जंजालु ॥
सभ जग महि दोही फेरीऐ बिनु नावै सिरि कालु ॥
पिंडु पड़ै जीउ खेलसी बदफैली किआ हालु ॥4॥
पुता देखि विगसीऐ नारी सेज भतार ॥
चोआ चंदनु लाईऐ कापड़ु रूपु सीगारू ॥
खेहू खेह रलाईऐ छोडि चलै घर बारु ॥5॥
महर मलूक कहाईऐ राजा राउ कि खानु ॥
चउथरी राउ सदाईऐ जलि बलीऐ अभिमान ॥
मनमुखि नामु विसारिआ जिउ डवि दधा कानु ॥6॥
हउमै करि करिजाइसी जो आइआ जग माहि ॥
सभु जगु काजल कोठड़ी तनु मनु देह सुआहि ॥
गुरि राखे से निरमले सबदि निवारी भाहि ॥7॥
नानक तरीऐ सचि नामि सिरि साहा पातिसाहु ॥
मैं हरिनामु न वीसरै हरिनामु रतनु वेसाहु ॥
मनमुख भउजलि पचि मुए गुरमुखि तरे अथाहु ॥8॥16॥

सिरी रागु असटपदीआ

: 83 :

धन और यौवन फूल के समान है, चार ही दिनों में नष्ट हो जायेंगे।
पानी उतर जाने पर जैसे मुरझा जाते चौपती के पात।
जब तक है यौवन नवेला, प्यारे, आनन्द ले लो।
थोड़े ही दिन है, यौवन थक जायेगा, हो जायेगा चोला पुराना।
मेरे प्रिय मित्र सो गये कब्रों में।
एक दिन दोमनी मैं भी चल दूँगी, झीनी झीनी रोऊँगी।
गोरी, तूने क्या नहीं सुनी, अपने कानों यह खबर।
चलना ही होगा ससुराल, पीहर में नित्य रहा नहीं जाता।
नानक का कथन है, पीहर में सोई तू, जान ले निश्चय ही सेंध लग जायेगी।
गुणों की गठरी तेरी लुट जायेगी, चलेगी अवगुण बाँधकर। ***(23)***

: 84 :

दर घर महल सुन्दर, सहस्रों गढ़ पक्के।
हाथी और घोड़े, काठियों सहित, लाखों लश्कर असीम।
कोई भी किसी के साथ न चला, खप खप कर सब मरे, सभी कुछ सारहीन।
सोने रूपे का संचय, धन माल सभी जंजाल।
सारी दुनिया में हो दबदबा, नाम-विहीन के सिर पर तो भी है काल।
पिंड गिर जायेगा, जीव चला जायेगा; जो करते हैं बदकेली, उनका क्या हाल है?
पुत्रों को देखकर मन प्रसन्न होता है, पति होता प्रसन्न पत्नी को शैया पर देखकर।
चोआ चंदन लगाते हैं, वस्त्र धारण करते हैं, करते हैं रूप का श्रृगार।
आखिर मिट्टी बन मिट्टी में मिल जाते हैं, चल देते हैं छोड़कर घर-बार।
कहलाते हैं सरदार, बादशाह, राजा, राव और खान।
चौधरी या राव, सुलगते रहते हैं अभिमान में।
मनमुख ने बिसार दिया नाम, जैसे दावाग्नि ने झुलस दिया कानन।
जगत् में जो आया, अहंकार करके आखिर चला जायेगा।
सारा जगत् है काजल की कोठरी, तन मन और देह राख से भरे हैं।
गुरु जिनका रक्षक है वही निर्मल है; शब्द के द्वारा होता है अग्नि का निवारण।
नानक का कथन है सत्यनाम से ही भवसागर तैर सकते हैं, नाम है सर्वोच्च बादशाह।
मुझे भूल न जाये हरिनाम, हरिनाम है रत्न; मुझे करना है इसी का त्रय।
नानक का कथन है मनमुख सुलगते, मरते हैं भवजल में; गुरुमुख सागर भी पार कर जाते हैं।

(63-64)

माया-जाल से कैसे बचें?

: 85 :

माइआ माइआ करि मुए माइआ किसै न साथि ॥
हंसु चलै उठि डुमणो माइआ झूली आथि ॥
मनु झूठा जमि जोहिआ अवगुण चलहि नालि ॥
मन महि मनु उलटो मरै जे गुण होवहि नालि ॥
मेरी मेरी करि मुए विणु नावै दुखु भालि ॥
गड़ मन्दर महला कहा जिउ बाजी दीबाणु ॥
नानक सचे नाम विणु झूठा आवण जाणु ॥
आपे चतुरु सरुपु है आपे जाणु सुजाणु ॥42॥

रामकली दखणी ओअंकारु

: 86 :

सरमु धरमु दुइ नानका जे धनु पलै पाइ ॥
सो धनु मित्र न कांढीऐ जितु सिरि चोटां खाइ ॥
जिन कै पलै धुनु बसै तिन को नाउ फकीर ॥
जिन्ह कै हिरदै तू वसहि ते नर गुणी गहीर ॥1॥ म0 1॥
दुखी दुनी सहेड़ीऐ जाइ त लगहि दुख ॥
नानक सचे नाम बिनु किसै न लथी भुख ॥
रूपी भुख न उतरै जां देखां तां भुख ॥
जेते रस मरीर के तेते लगहि दुख ॥2॥ म0 1॥
अंधी कमी अंधु मनु मनि अंधै तनु अंधु ॥
चिकड़ि लाइऐ किया थीऐ जां तुटै पथर बंधु ॥
बंधु तुटा बेड़ी नही ना तुलहा ना हाथ ॥
नानक सचे नाम विणु केते डुबे साथ ॥3॥ म0 1॥
लख मण सुइना लख मण रुपा लख साहा सिरि साह ॥
लख लसकर लख वाजे नेजे लखी घोड़ी पातिसाह ॥
जिथै साइरु लंघणा अगनि पाणी असगाह ॥
कंधी दिसि न आवई धाही पवै कहाह ॥
नानक ओथै जाणीअहि साह केई पातिसाह ॥4॥

वार मलार पउड़ी 21, सलोक 1,2,3,4

: 85 :

माया माया कहते हुए मर गए, माया ने किसी का साथ नहीं दिया।
हंस उठ चलता है द्विमना, माया यहीं रह जाती है।
झूटे मन की बाट जोहता है यम, अवगुण चलेंगे साथ।
सद्गुण यदि साथ हों, माया की ओर से पलट कर, मन रहे मन में ही लीन।
मेरी मेरी करते मर गये, नाम के बिना ढूँढ़ा किये दुःख।
कहाँ गये गढ़, मन्दिर, महल और दीवान? वे तो इन्द्रजाल का खेल थे।
नानक का कथन है सत्यनाम के बिना झूठा है आवागमन।
वह स्वयं चतुर स्वरूप है, वह सुजान जानता है सब कुछ।

(635-36)

: 86 :

नानक का कथन है—पैसे की खातिर लोग शरम और धर्म दोनों ही त्याग देते हैं।
उस धन को मित्र मत सतझो, जिसके कारण सिर पर चोट सहनी पड़े।
जिन के पल्ले है धन, उन का नाम है फकीर।
जिन के हृदय में तू बसता है, वे नर है गम्भीर, गुणवान।
धन-संचय में दुःख है, धन चला जाये तो भी दुःख होता है।
नानक का कथन है सत्यनाम के बिना भूख नहीं मिटती।
भूख नहीं मिटती है रूप से, रूप देखने से भूख और बढ़ती है।
देह के जितने भी रस, सभी दुःख है।
अंधे कामों में अन्धा होता है मन; अन्धा जब मन, अन्धा हो जाता तन।
पत्थर का बाँध जब टूट गया, कीचड़ लगाने से क्या होगा?
टूट गया बाँध, नाव नही, तुल्हा नहीं, थाह नहीं।
नानक का कथन है, सत्यनाम के बिना, कितने ही डूब गये साथ साथः
लाखों मन सोना, लाखों मन चांदी, लाखो राजाओं का महाराज, सर्वोत्तम बादशाह,
लाखों के लश्कर, लाखों बाजे, नेजे और घोड़े।
सागर जो लांघना है, वहाँ है अथाह आग का पानी।
नज़र नहीं आता किनारा, हाहाकर, कंदन है।
नानक का कथन है वहाँ जाना जायेगा कौन है शाह, कौन है बादशाह?

(1287)

नाम

: 87 :

साचा साहिबु साचु नाइ भाखिआ भाउ अपारु॥
आखहि मंगहि देहि देहि दाति करे दातारु ॥
फेरि कि अगै रखीऐ जितु दिसै दरबारु ॥
मुहौ कि बोलणु जितु सुणि घरे पिआरु ॥
अमृत वेला सचु नाऊ वडिआई वीचारु ॥
करमी आवै कपड़ा नदरी मोखु दुआरु ॥
नानक एवै जाणीऐ सभु आपै सचिआरु ॥4॥

जपु पउड़ी 4

: 88 :

मोती त मुंदर ऊसरहि रतनी त होहि जड़ाउ ॥
कसतूरि कुंगु अगरि चंदनि लीपि आवै चाउ ॥
मतु देखि भूला वीसरै तेरा चिति न आवै नाउ ॥1॥
हरि बिनु जीउ जलि बलि जाउ ॥
मैं आपणा गुरु पूछि देखिआ अवरु नाही धाउ ॥1॥ रहाउ ॥
धरती त हीरे लाल जड़ती पलधि लाल जड़ाउ ॥
मोहणी मुखि मणी सोहै करे रंगि पसाउ ॥
मतु देखि भूला वीसरै तेरा चिति न आवै नाउ ॥2॥
सिधु होवा सिधि लाई रिवि आखा आउ ॥
गुपतु परगटु होइ वैसा लोकु राखै भाउ ॥
मतु देखि भूला वीसरै तेरा चिति न आवै नाउ ॥3॥
सुलतानु होवा मेलि लसकर तखति राखा पाउ ॥
हुकमु हासलु करी बैठा नानका सभ बाउ ॥
मतु देखि भूला वीसरै तेरा चिति न आवै नाउ ॥4॥1॥ *सिरी रागु*

: 89 :

भरीऐ हथु पैरु तनु देह ॥ पाणी धोतै उतरसु खेह ॥
मूत पलीती कपडु होइ ॥ दे साबूणु लाईऐ ओहु धोइ ॥
भरीऐ मति पापा कै संगि ॥ ओहु धोपै नावै कै रगि ॥
पुंनी पापी आखणु नाहि ॥ करि करि करणा लिखि लै जाहु ॥
आपै वीजि आपे ही खाहु ॥ नानक हुकमी आवहु जाहु ॥20॥ *जपु पउड़ी 20*

: 87 :

स्वामी है नित्य, उसका न्याय भी नित्य है, भाषा है उसकी अनन्त प्रेम।
कहते हैं : मांगते हैं दे, दे; दान करता है वह दाता।
उसे क्या भेंट करें कि उसके दरबार में प्रवेश मिले, दर्शन हों।
मुख से क्या बोलें कि सुनकर वह हम से प्रेम करे।
अमृत बेला में सत्यनाम और उसके बड़प्पन पर विचार करो।
सत्कर्म से मिलता है कपड़ा-शरीर, कृपा से मिलती है मुक्ति।
नानक का कथन है, ऐसे प्रतीत होता है समस्त संसार उसका अपना ही रूप है।

(2)

: 88 :

मोतियों के मन्दिर रत्नों से जड़े हों।
कस्तूरी, कुँगू, अगरु, चन्दन का लेप हो, देखकर चित्त हो प्रसन्न।
उन्हें देखकर कहीं अमित न होऊँ, कहीं भूल न जाऊँ तेरा नाम।
हरि के बिना जीव जलकर होता है भस्म।
मैंने अपने गुरु से पूछ-देख लिया है, उसके अतिरिक्त अन्य कहीं शरणभूमि नहीं।
फर्श हो हीरे और लाल से जटिल, रत्नों से जटिल पलंग बिछा हो।
मोहनी मुख-मणि सजधज कर बैठी हो, करती हो हाव-भाव।
उन्हें देखकर कहीं भ्रमित न होऊँ, कहीं भूल न जाऊँ तेरा नाम।
सिद्ध हो जाऊँ और सिद्धि ले आऊँ, ऋद्धि को पुकारे तो वह भी चली आये।
गुप्त हो जाऊँ, कभी प्रकट हो जाऊँ, लोगों को मुझ पर श्रद्धा हो।
ऐसा हो तो भी कहीं भ्रमित न होऊँ, कही भूल न जाऊँ तेरा नाम।
सुलतान बन जाऊँ, लश्कर भी जोड़ लूँ, तख्त पर टिकाऊँ अपना पाँव।
मुझे हुकम हासिल हो, नानक कहते हैं यह तो वायु का झोंका है।
ऐसा हो तो भी कहीं भ्रमित न होऊँ, कहीं भूल न जाऊँ तेरा नाम। *(14)*

: 89 :

लथपथ हों हाथ, पैर, तन, देह; पानी ने धोओ, उतर जाती है धूलि।
वस्त्र हो जाए अपवित्र मलमूत्र से, साबुन लगाने से वह भी धुल जाता है।
मति ही मलयुक्त पापों के कारण, वह धुलेगी नाम में रंग कर।
पुण्य और पाप कथन से नहीं होते; जो कुछ हम करते हैं, वह लिखा जाता है।
स्वयं ही बीज कर स्वयं ही खाते हैं; नानक का कथन है हम हुकम के अधीन आते हैं, जाते हैं।

(4)

: 90 :

कोटि कोटि मेरी आरजा पवणु पीआणु अपिआउ ॥
चंदु सूरजु दुइ गुफै न देखा सुपनै सउण न थाउ ॥
भी तेरी कीमति ना पवै हउ केवडु आखा नाउ ॥1॥
साचा निरंकारु निज थाइ ॥
सुणि सुणि आखणु आखणा जे भावै करे तमाइ ॥1॥ रहाउ॥
कुसा कटीआ वार वार पीसणि पीसा पाइ ॥
अगी सेती अलीआ भसम सेती रलि जाउ ॥
भी तेरी कीमति ना पवै हउ केवडु आखा नाउ ॥2॥
पंखी होइ कै जे भवा सै असमानी जाउ ॥
नदरी किसै न आवऊ ना किछु पीआ न खाउ ॥
भी तेरी कीमति ना पवै हउ केवडु आखा नाउ ॥3॥
नानक कागद लख मणा पड़ि पड़ि कीचै भाउ ॥
मसू तोटि न आवई लेखणि पउणु चलाउ ॥
भी तेरी कीमति ना पवै हउ केवड़ आखा नाउ ॥4॥2॥ *सिरी रागु*

: 91 :

सो जीविआ जिनु मनि वसिआ सोइ ॥ नानक अवरु न जीवै कोइ ॥
जे जीवै पति लथी जाइ ॥ सभु हरामु जेता किछु खाइ ॥
राजि रंगु मालि रंगि रंगु रता नचै नंगु ॥ नानक ठगिआ मुठा जाइ ॥
विणु नावै पति गइआ गवाई ॥1॥ म0 1॥
किआ खाधै किआ पैधै होइ ॥ जा मनि नाही सचा सोइ ॥
किआ मेवा किआ घिउ गुड़ मिठा किआ मैदा किसा मासु ॥
किआ कपड़ु किआ सेज सुखाली कीजहि भोग बिलास ॥
किआ लसकर किआ नेब खवासी आवै महली वासु ॥
नानक सचे नाम विणु सभे टोल विणासु ॥2॥ *वार माझ पउड़ी 10, सलोक 1,2*

: 92 :

पहिरा अगनि हिवै घरु बाधा भोजनु सारु कराई ॥
सगले दूख फणी करि पीवा धरती हाक चलाई ॥
धरि तराजी अंबरु तोली पिछै टंकु चड़ाई ॥
एचडु वधा मावा नाही सभसै नथि चलाई ॥
एता ताणु होवै मन अंदरि करी भि आखि कराई ॥
जेवडु साहिबु तेवड दाती दे दे करे रजाई ॥
नानक नदरि करै जिसु उपरि सचि नामि वडिआई ॥1॥म0 2॥ *वार मझ पउड़ी 19, सलोक 1*

: 90 :

कोटि वर्ष मेरी आयु, पी लूँ अपेय पवन।
गुफा में रहूँ, चन्द्र सूर्य न देखूँ, सोने के लिए स्वप्न में भी न स्थान हो।
तो भी आंक न सकू तेरा मूल्य, मै क्या कहूँ कि तेरा नाम कितना बड़ा है।
सच्चा निरंकार निज स्थान।
सुन सुनकर करते हैं उसका वर्णन यदि उसे भाये तो वह कृपा करता है।
यदि बार-बार काट जाऊँ, कर दिया जाऊँ खण्ड खण्ड, चक्की में पीस दिया जाऊँ।
आग में जलाया जाऊँ, भस्मीभूत हो जाऊँ।
तो भी आंक न सकूँ तेरा मूल्य, मैं क्या कहूँ कि तेरा नाम कितना बड़ा है।
पक्षी बन जाऊँ, उड़ूँ, शत् शत् आकाश पार कर जाऊँ।
किसी को नजर न आऊँ, न कुछ खाऊँ, न पियूँ।
तो भी आंक न सकूँ तेरा मूल्य, मैं क्या कहूँ कि तेरा नाम कितना बड़ा है!
नानक का कथन है लाखों मन कागज़ पढ़ूँ और खोजा करूँ उनके भाव।
मसि हो असमाप्य, लेखनी चलती हो पवन ज्यों।
तो भी आँक न सकूं तेरा मूल्य, मैं क्या कहूँ कि तेरा नाम कितना बड़ा है। (*14-15*)

: 91 :

जीवित है वही जिसके मन में वह बसा है, नानक कहते हैं और कोई जीवित नहीं।
यदि जीवित है तो मरेगा निरादृत होकर, जो कुछ वह खाता है, सब हराम है।
राज्य और धन के रंग में रंग मस्त है नग्न-नृत्य में, नानक का कथन है वह ठगा लूटा जा रहा है।
नाम विहीन ने गँवा लिया है सम्मान।
खाने और पहनने से क्या होगा, जब मन में वह सच्चा प्रभु नहीं है?
कैसा मेवा, घी, गुड़ मीठा, कैसा मैदा मांस!
और कैसा भोग-विलास!
लश्कर, नायब और गुलामों से क्या होगा? महलों में रहने से लाभ?
नानक का कथन है सच्चे नाम के बिना सारा आडम्बर मात्र विनाश। (*142*)

: 92 :

पहन लूँ आग, हिम-गृह में रहूँ, भोजन करूँ लोहे का।
सकल दुःख पी जाऊँ पानी के समान, धरती को हांककर चलाऊँ,
आकाश को तोल दू तराजू में रखकर, दूसरे पलड़े में रखूँ केवल एक टंक।
इतना बढ़ जाऊँ कि कहीं समा न पाऊँ, सभी के नाक में डाल दूँ नकेल।
मन में वह शक्ति कि जैसा कहूँ वैसा करवा सकूँ।
जितना बड़ा दाता उतने ही बड़े उसके अनुदान, वह देता है अपनी इच्छा के अनुसार।
नानक का कथन है जिस पर होती है उसकी कृपा, उसे दे देता है सत्यनाम का गुणानुवाद।

(*147*)

: 93 :

दुई दीवे चउदह हट नाले ॥ जेते जीअ तेते वणजारे ॥
खुल्हे हट होआ वापारु ॥ जो पहुचै सो चलणहाऊ ॥
धरमु दलालु पाए नीसाणु ॥ नानक नामु लाहा परवाणु ॥
घरि आए वजी वाधाई ॥ सच नाम को मिली वडिआई ॥1॥म0 1॥

वार सूही पउड़ी 13, सलोक 1

: 94 :

जिनी न पाइओ प्रेम रसु कंत न पाइओ साउ ॥
सुबेघर का पाहुणा जिउ आइआ तिउ जाउ ॥1॥ म0 1॥
सउ ओलम्हे दिनै के राती मिलनि सहंस ॥
सिफति सलाहणु छडि कै करंगी लगा हंसु ॥
फिटु इवेहा जीविआ जितु खाइ वधाइआ पेटु ॥
नानक सचे नाम विणु सभो दुसमनु हेतु ॥2॥

वार सूही 16 सलोक 1,2

: 95 :

तीरथि नावण थाउ तीरथ नामु है ॥
तीरथ सबद बीचारु अंतरि गिआनु है ॥
गुर गिआनु साचा थानु तीरथु दस पुरब सदा दसाहरा ॥
हउ नामु हरि का सदा जाचउ देहु प्रभ धरणीधरा ॥
संसारु रोगी नामु दारु मैलु लगै सच बिना ॥
गुरवाकु निरमल सदा चानणु नित साचु तीरथु मजना ॥1॥

धनासरी छन्त

: 96 :

चंचलु चीतु न रहई ठाइ ॥ चोरी मिरगु अंगूरी खाइ ॥
चरन कमल उरधारे चीत ॥ चिरु जीवनु चेतनु नित नीत ॥
चितत ही दीसै सभु कोइ ॥ चेतहि एकु तही सुखु होइ ॥
चिति वसै राचै हरि नाइ ॥ मुकति भइआ पति सिउ धरि जाइ ॥23॥

रामकली दखरगी, ओंकार

: 93 :

दो दीपक, चौदह हाट; जितने जीव, उतने बनिजारे।
खुली हाट, हुआ व्यापार, जो यहाँ पहुँचते सब को चल देना है।
धर्म है दलाल, जो माल पर अंकित करता है निशान।
नानक का कथन है कि नाम का लाभ ही मान्यता पाता है।
घर आने पर बजती है बधाई, सत्यनाम का आदर उन्हें मिलेगा।

(*789*)

: 94 :

जिन्हें मिला नहीं प्रेम-रस, न मिला जिन्हें कन्त का आस्वाद।
वे हैं सूने घर के पाहुने, जैसे आये वैसे ही उठ चले खाली हाथ।
सौ उलाहने दिन में, रात्रि में सहस्र।
स्तवन, गुणानुवाद छोड़कर, हंस लगा नोचने अस्थि-पंजर।
बहुत खाया तोंद बढ़ाने के लिए, धिक्कार ऐसे जीवन पर।
नानक का कथन है कि नाम के बिना, सभी मोह जीव के शत्रु है।

(*790*)

: 95 :

तीर्थ स्थान के लिए जाऊँ? तीर्थ है नाम।
तीर्थ है शब्द-विचार, अन्तर्ज्ञान।
गुरु-ज्ञान है सच्चा तीर्थ-स्थान, यह दसों पर्वों और दशमी के स्नान का फल-प्रदाता है।
मै सदा हरिनाम की याचना करता हूँ; हे प्रभु धरणिधर, मुझे यही दान दो।
संसार है रोगी, नाम औषधि है, सत्य के बिना मल लग जाती हैं।
गुरुवाक् है निर्मल, नित्यालोक, इसी सच्चे तीर्थ पर करो स्नान।

(*987*)

: 96 :

चंचल चित्त टिक कर नहीं रहता; मृग चोरी चोरी अंगूरी खाता है।
चित्त में चरण-कँवल यदि बस जायें, तो मिले चिर-जीवन और नित्य-चेतना।
चिन्तित ही दिखता है सब कोई, चेते जो एक उसे ही सुख मिलता है।
जिसके चित्त में हरिनाम बस जाता है, मुक्त हो जाता है, आदर सहित घर जाता है।

(*962*)

: 97 :

इहु धनु सरब रहिआ भरपूरि ॥ मनमुखि फिरहि सि चणहि दूरि ॥1॥
सो धनु वखरु नामु रिदै हमारै ॥ जिसु तू देहि तिसै निसतारै ॥1॥ रहाउ ॥
न इहु धनु जलै न तसकरु लै जाइ ॥ न इहु धनु डूबै न इसु धन कउ मिलै सजाइ ॥2॥
इसु धन की देखहु वडिआई ॥ सहजे माते अनदिनु जाई ॥3॥
इक बात अनूप सुनहु नर भाई ॥ इसु धन बिनु कहहु किनै परम गति पाई ॥4॥
भणति नानकु अकथ की कथा सुनाए ॥ सतिगुरु मिलै त इहु धनु पाए ॥5॥8॥ *मारु*

शब्द

: 98 :

हउ गुर पूछउ आपणे गुर पुछि कार कमाउ ॥
सबदि सलाही मनि बसै हउमै दुखु जलि जाउ ॥
सहजे होइ मिलावड़ा साचे साचि मिलाउ ॥5॥
सबदि रते से निरमले तजि काम क्रोधु अहंकारु ॥
नामु सलाहनि सद सदा हरि राखहि उरधारि ॥
सो किउ मनहु विसारीऐ सभ जीआ का आधारु ॥6॥
सबदि मरै सो मरि रहै फिरि मरै न दूजी वार ॥
सबदै ही ते पाईए हरिनामे लगै पिआरु ॥
बिनु सबदै जगु भूला फिरै मरि जनमै वारो वार ॥7॥
सभ सालाहे आप कउ वडहु वडेरी होइ ॥
गुर बिनु आपु न चीनीऐ कहे सुणे किआ होइ ॥
नानक सबदि पछाणीऐ हउमै करै न कोइ ॥8॥8॥ *सिरी रागु असटपदीआ*

: 99 :

बारह महि रावल खपि जावहि चहु छिअ महि संनिआसी ॥
जोगी कापड़ीआ सिर खूथे बिनु सबदै गलि फासी ॥1॥
सबदि रते पूरे बैरागी ॥
अउहठि हसत महि भीखिआ जाची एक भाइ लिव लागी ॥1॥
ब्रहमण वादु पड़हि करि किरिआ करणी करम कराए ॥
बिनु बूझे किछु सूझै नाही मनमुखु विछुड़ि दुखु पाए ॥2॥
सबदि मिले से सूचाचारी साची दरगह माने ॥
अनदिनु नामि रतनि लिव लागे जुगि जुगि साचि समाने ॥3॥
सगले करम धरम सुचि संजम जप तप तीरथ सबदि वसे ॥
नानक सतिगुर मिलै मिलाइआ दुख पराछत काल नसे ॥4॥16॥ *परभाती*

: 97 :

यह धन सर्व स्थान में व्याप्त है, मनमुख समझते इसे दूर, अतः भटकते रहते।
यह धन है नाम का सौदा हमारे हृदय में; जिसे तू देता है उसका होता निरस्तार।
यह धन न जलता है, न तस्कर ले जाता है, यह धन न डूबता, दण्डित नहीं होता है।
देखो इस धन की गरिमा, अनुदिन मदमाता सहज में व्यतीत होता।
सुनो एक अनुपम बात, इस धन के बिना परमगति किसने पाई?
नानक कहते हैं, लो सुनाता हूँ अकथ कथा, सत्गुर मिलने पर यह धन प्राप्त होता है।

(*991*)

: 98 :

मैं पूछता हूँ अपने गुरु से, गुरु से पूछ कर ही कर्मरत होता हूँ।
शब्द का स्तवन करूँ, वह मन में बसे तो अहंकार-दुःख जल जाता।
सहज से होता मिलन, सत्य के द्वारा सत्य से मिल जाता हूँ।
शब्दरत जो जन हैं, वे निर्मल हैं; काम, क्रोध अहंकार तज देते।
नाम के गुण गाते नित्य, सदा ही हरि को हृदय में बसाते हैं।
उसे क्यों बिसारते हो मन से जो सभी जीवों का आधार है?
शब्द के द्वारा जो अहम् को मार सके, वे मरे ऐसे कि पुनः मरना ना होगा।
शब्द के द्वारा ही होती प्रभु-प्राप्ति, शब्द के द्वारा हरिनाम से होता है प्यार।
शब्द के बिना सारा जग भूल रहा, बार बार मरता है, जन्मता है, मरता है।
आत्म-प्रशंसा में सभी रत है, हर कोई समझता मैं बड़े से भी बड़ा।
गुरु के बिना आत्म चीन्हा नहीं जाता, कहने व सुनने से क्या होगा?
नानक का कथन है शब्द के द्वारा मिलती है पहचान; शब्द मिलने पर कोई अहंकार नहीं करता।

(*58*)

: 99 :

बारह पंथ में रावल खपते, सन्यासी छः चार में।
कापड़िआ जोगी औ' जैनी शब्द बिना है; सबके गले में फन्दा।
शब्द-रत है पूरे बैरागी।
अपहति का खप्पर ले हाथ में भिक्षा मांगी; किया एक से प्रेम, उसी में लौ लगाई।
ब्राह्मण पढ़ते वाद, किया करते, करवाते।
बिन बूझे कुछ नहीं सूझता, मनमुख बिछ़डा हुआ सदा दुःख पाता।
जिनका मिलन शब्द से, शुचि उनका आचार।
अनुदिन नाम-रत्न लौ लागी, वे युग युग तक सत्य समायें।
सकल कर्म, धर्म, शुचि संयम, जप, तप, तीर्थ सभी शब्द में बसते।
नानक का है कथन कि सत्गुरु मिलने से ही प्रभु मिलता है, दुःख, पाप औ काल नष्ट हो जाते।

(*332*)

गुण-गान

: 100 :

वणजु करहु वणजारिहो वखरु लेहु समालि ॥
तैसी वसतु विसाहीऐ जैसी निबहै नालि ॥
अगै साहु सुजाणु है तैसी वसतु समालि ॥1॥
भाई रे रामु कहहु चित लाइ ॥
हरिजसु वखरु लै चलहु सहु देखे पतीआइ ॥1॥ रहाउ॥
जिना रासि न सचु है किउ तिना सुखु होइ ॥
खोटै वणजि वणजिऐ मनु तनु खोटा होइ ॥
फाही फाथे मिरग जिउ दूखु घणो नित रोइ ॥2॥
खोटे पोतै न पवहि तिन हरिगुर दरसु न होइ ॥
खोटे जाति न पति है खोटि न सीझसि कोई ॥
खोटे खोटु कमावणा आइ गइआ पति खोइ ॥3॥
नानक मनु समझाईऐ गुर कै सबदि सालाह ॥
रामनाम रंगि रतिआ भारु न भरमु तिनाह ॥
हरि जपि लाहा अगला निरभउ हरि मन माह ॥4॥

सिरी रागु

: 101 :

तू सुलतानु कहा हउ मीआ तेरी कवन वडाई ॥
जा तू देहि सु कहा सुआमी मै मूरख कहणु न जाई ॥1॥
तेरे गुण गावा देहि बुझाई ॥
जैसे सच महि रहउ रजाई ॥1॥ रहाउ ॥
जो किछु होआ सभु किछु तुझ ते तेरी सभ असनाई ॥
तेरा अंतु न जाणा मेरे साहिब मैं अंधुले किआ चतुराई ॥2॥
किआ हउ कथी कथे कथि देखा मै अकथु न कथना जाई ॥
जो तुधु भावै सोई आखा तिलु तेरी वडिआई ॥3॥
ऐते कूकर हउ बेगाना भउका इसु तन ताई ॥
भगति हीणु नानकु जे होइगा ता खसमै नाउ न जाई ॥4॥1॥

बिलावलु

: 100 :

हे बनिजारो, बनिज करो, सौदा सावधानी से लो।
ऐसी वस्तु का क्रय करो, जो तुम्हारा साथ दे।
परलोक में साहूकार है सुजान, वे लेगा वस्तु जाँच परख कर।
भाई रे, चित्त एकाग्र करो, मुख से राम कहो।
हरि-यश-वस्तु खरीद कर ले जाओ, देखते ही उसे प्रतीति होगी साहूकार को।
जिनके पास सत्य की पूँजी नहीं, उन्हें कैसे होगा सुख?
खोटा बनिज करने से मन तन खोटा हो जाता है।
फन्दे में फँसे मृग के समान, वे पाते हैं घना दुःख, नित्य करते हैं रोदन।
खोटे दाखल नहीं हो पाते खजाना में, उन्हें हरि-गुरु का दर्शन नहीं होता।
खोटों की जाति नहीं, उनका सम्मान नहीं, खोटी कमाई से कौन सफल होता है?
खोटा तो कमा सकता है केवल खोट, अवमानित होकर वह आता है जाता है।
नानक का कथन है गुरु के शब्द से मन को समझाओ और प्रभु का गुणगान करो।
राम-नाम के रंग में रंगे जो, उन पर न कोई भार उन्हें कोई भ्रम नहीं।
हरि जपने से लाभ ही लाभ है, हरि को मन में बसा कर निर्भय हो जाओ।

(22-23)

: 101 :

तू सुलतान है, यदि मै तुझे कहूँ मियाँ, इस में तेरी क्या बड़ाई है!
तू जो कहलाता है, वही मैं कहता हूँ; मैं हूँ मूर्ख, मुझ से कुछ कहा नहीं जाता।
मुझे दो ज्ञान, तेरे गुण कैसे गाऊँ?
कैसे रहूँ मैं सत्य की इच्छानुसार।
जो कुछ हुआ सब तुझ से ही हुआ है, तेरी ही महिमा है।
तेरा पार न मैं पा सकता, मेरे स्वामी, मैं अन्धा, मुझ में चातुर्य नहीं है।
मैं क्या कथन करूँ! बहुत कथन करने के उपरान्त यह जाना है,
अकथनीय का कथन मुझ से न होगा।
तुझे जो भाये—वही मैं कहता हूँ, तेरी तिल मात्र प्रशंसा।
यहाँ बहुत कूकर हैं; उन में मैं बेगाना, भूँकता हूँ अपनी देह के अर्थ।
नानक कहते है भक्तिहीन जो रहूँगा, तो इससे क्या घट जायेगी स्वामी की महिमा?

(795)

सत्संगति, साधु, सन्त, गुरुमुख

: 102 :

उतम संगीत उत्तमु होवै ॥ गुण कउ घावै अवगण घोवै ॥
बिनु गुर सेवे सहजु न होवै ॥ 7 ॥

आसा, असटपदीआ

: 103 :

कलर केरी छपड़ी कऊआ मलि मलि नाइ ॥
मनु तनु मैला अवगुणी चिंजु भरी गंधीआइ ॥
सरवरु हंसि न जाणिआ काग कुपंखी संगि ॥
साकत सिउ ऐसी प्रीति है बूझहु गिआनी रंगि ॥
संत सभा जैकारु करि गुरमुखि करम कमाउ ॥
निरमलु नावणु नानका गुरु तीरथु दरीआउ ॥10॥ ***सलोक वारौ ते वधीक***

: 104 :

बोलहि साचु मिथिआ नहीं राई ॥ चालहि गुरमुखि हुकमि रजाई ॥
रहहि अतीत सचे सरणाई ॥1॥
सच घरि वैसै कालु न जोहै ॥ मनमुख कउ आवत जावत दुखु मोहै ॥1॥ रहाउ ॥
अपिउ पीअउ अकंथु कथि रहीऐ ॥ निजधरि बैसि सहज घरु लहीऐ ॥
हरि रसि माते इहु सुखु कहीऐ ॥2॥
गुरुमति चाल निहचलु नहीं डालै ॥ गुरमति साचि सहजि हरि बोलै ॥
पीवै अमृतु ततु विरोलै ॥3॥
सतिगुरु देखिआ दीखिआ लीनी ॥ मनु तनु अरपिओ अंतरगति कीनी ॥
गति मिति पाई आतमु चीनी ॥4॥
भोजनु नामु निरंजन सारु ॥ परम हंसु सचु जोति अपार ॥
जह देखउ तह एकंकारु ॥5॥
रहै निरालसु एका सचु करणी ॥ परम पदु पाइआ सेवा गुर चरणी ॥
मन ते मनु मानिआ चूकी अहं भ्रमणी ॥6॥
इन विधि कउणु कउणु नहीं तारिआ ॥ हरि जिसि संत भगत निसतारिआ ॥
प्रभ पाए हम अवरु न आखिआ ॥7॥
साच महलि गुरि अलखु लखाइआ ॥ निहचल महलु नहीं छाइआ माइआ ॥
साचि संतोखे भरमु चुकाइआ ॥8॥
जिन कै मनि बसिआ सचु तोई ॥ तिन की संगति गुरमुखि होई ॥
नानक साचि नामि खोई ॥9॥15॥ ***गउड़ी असटपदीआ***

: 102 :

उत्तम संगति में हम उत्तम बन जाते हैं, गुणों के लिये होता है उद्यम अवगुण धुल जाते हैं।
गुरु की सेवा बिना, सहज नहीं होता। (*414*)

: 103 :

ऊसर धरती में जौहड़, कौवा मल मल कर करता है स्नान।
अवगुणों के कारण मन मैला, तन मैला; मल से भरी चोंच, उठती है दुर्गन्ध।
कौवे कुपक्षी के संसर्ग में, हंस को परिचय न मिला मानसरोवर का।
जान लो हे ज्ञानी, पापियों से प्रीति का यही फल है।
सन्तसभा की जय जय कहो, गुरुमुखों के अनुकूल कर्म करो।
नानक का कथन है गुरु है नदी-तीर्थ, निर्मल-स्नान। (*1411*)

: 104 :

बोलते हैं सच, मिथ्या नहीं रत्ती भर, चलते हैं गुरुमुख हुकम से अनुशासित।
रहते अतीत वे सत्य की शरण में।
सत्य के घर में बैठें तो काल का कुछ प्रभाव नहीं होता; मनमुख है आवागमन में,
मोह-जनित दुःख से पीड़ित।
गुरुमुख पीते हैं अपेय, कहते हैं अकथनीय, निज घर में बैठ कर सहज घर को पाते है।
हरि-रस में मस्त होकर यह सुख मिलता है।
गुरुमति की चाल निश्चल, नहीं डोलती; गुरुमति के द्वारा सत्य में समाये वे सहज हरि कहते।
तत्त्व का मन्थन कर अमृत वे पीते हैं।
सत्गुरु के दर्शन किये, दीक्षा ली, मन अर्पित कर दिया, प्रभु को बसाया अंतःकरण में।
अपने को पहचाना, गति-मिति पा ली।
भोजन है उनका श्रेष्ठ निरंजन का नाम; वे है परम हंस, सत्य की अपार ज्योति।
जहाँ देखते हैं वहाँ एक ओंकार है।
करनी है उनकी एक सत्य से परिचालित, रहते हैं वे निर्लिप्त; गुरु चरणों की सेवा
से पाया उन्होंने परम पद।
चूका अहंकार, छूटा भ्रम, मन से ही मन मान गया।
इस विधि से परि कौन कौन न हुए? हरि-यश ने अनेकों सन्तों, भक्तों का किया उद्धार।
प्रभ मिल गये तो अन्य की खोज मिटी।
सत्य के महल में अलख गुरु ने दिखा दिया; वह महल निश्चल है, छाया माया नहीं।
सत्य के द्वारा संतुष्टि हुई, भ्रम चुक गया है।
जिनके के मन में वह सत्य बसा हुआ है, उनकी संगति में गुरुमुख हो जाते हैं।
नानक का कथन है सत्य नाम द्वारा मल छुट जाती है। (*227-28*)

: 105 :

गुरमुखि साचे का भउ पावै ॥ गुरमुखि वाणी अघड़ु घड़ावै ॥
गुरमुखि निरमल हरि गुण गावै ॥ गुरमुखि पवित्रु परम पदु पावै ॥
गुरमुखि रोमि रोमि हरि घिआवै ॥ नानक गुरमुखि साचि समावै ॥27॥
गुरमुखि धरती साचे साजी ॥ तिस महि ओपति खपति सु बाजी ॥
गुर कै सबदि रपै रंगु लाइ ॥ साचि रतउ पति सिउ घरि जाइ ॥
साच सबद बिनु पति नहीं पावै ॥ नानक बिनु नावै किउ साचि समावै ॥30॥

रामकली सिधगोसटि

: 106 :

गुरमुखि नामु दानु इसनानु ॥ गुरमुखि लागै सहजि घिआनु ॥
गुरमुखि पावै दरगह मानु ॥ गुरमुखि भउ भंजनु परधानु ॥
गुरमुखि करणी कार कराए ॥ नानक गुरमुखि मेलि मिलाए ॥36॥
गुरमुखि सासत्र सिमृति वेद ॥ गुरमुखि पावै घट घटि भेद ॥
गुरमुखि वैर विरोध गवावै ॥ गुरमुखि सगली गणत मिटावै ॥
गुरमुखि राम नाम रंगि राता ॥ नानक गुरमुखि खसमु पछाता ॥37॥

रामकली सिधगोसटि

: 107 :

गुरमुखि असटसिधी सभि बुधी ॥ गुरमुखि भवजलु तरीऐ सच सुधी ॥
गुरमुखि सर अपसर विधि जाणै ॥ गुरमुखि परविर्रात निरविरति पछाणै ॥
गुरमुखि तारे पारि उतारे ॥ नानक गुरमुखि सबदि निसतारे ॥

रामकली सिधगोसटि

: 108 :

जपु तपु संजमु साधीऐ तीरथि कीचै वासु ॥
पुन दान चंगिआईआ बिनु साचे किआ तासु ॥
जेहा राधे तेहा लुणै बिनु गुण जनमु विणासु ॥1॥
सुंधे गुण दासी सुखु होई ॥ अवगण तिआगि समाईऐ गुरमति पूरा सोई ॥1॥ रहाउ ॥
विणु रासी वापारीआ तके कुंडा चारि ॥ मूलु न बुझै आपणा वस्तु रही घरबारि ॥
विणु वखर दुखु अगला कूड़ि मुठी कूड़िआरि ॥2॥

सिरी रागु असटपदीआ

: 105 :

गुरुमुख सत्य का भय रखता है मन में; गुरुमुख वाणी से अनघड़ मन का भी कर लेता पारिष्कार।
गुरुमुख निर्मल, हरि के गुण गाता है; गुरुमुख पवित्र, परम पदवी पाता है।
गुरुमुख का रोम रोम हरि में ध्यान लगाता; नानक का है कथन कि गुरुमुख सत्य में समाता है।
गुरुमुख के लिए बनाई प्रभु ने धरती; उत्पत्ति नाश उसकी अपनी लीला है।
गुरु के शब्द में जो जो रंग जाते हैं, वे सत्यलीन सम्मान सहित घर जाते।
सत्य शब्द बिन मान्यता नहीं मिलती, नानक का कथन है नाम बिन कोई कैसे सत्य समाये?

(***105***)

: 106 :

गुरुमुख के लक्षण—नाम, दान, स्नान; गुरुमुख का है सहज में ध्यान।
गुरुमुख को मिलता प्रभुचरणों में मान; गुरुमुख भवभंजन, प्रधान।
गुरुमुख करणीय कार्य करवाता है नानक का कथन है कि गुरुमुख प्रभु से मिलन कराये।
गुरुमुख है शास्त्र, स्मृति, वेद का सहज ज्ञाता; गुरुमुख पा लेता घट-घटवासी का भेद।
गुरुमुख ने वैर-विरोध गँवाया, गुरुमुख मिटा देता है सकल गिनती, भेदभाव।
गुरुमुख है राम-नाम अनुरागी। नानक का है कथन कि गुरुमुख ने स्वामी पहचान लिया।

(***942***)

: 107 :

गुरुमुख को प्राप्त अष्टसिद्धियाँ; प्राप्त उसे सर्वगीण बुद्धि।
गुरुमुख सत्य और शुचिता के बल पर भवसागर करता पार।
गुरुमुख अवसर और विधि जाने; गुरुमुख को पहचान प्रवृत्ति और निवृति की।
गुरुमुख भवसागर से पार उतारे; नानक का है कथन कि गुरुमुख शब्द द्वारा करता है निस्तार।

(***941***)

: 108 :

जप, तप संयम की करें साधना, रहें तीर्थ पर जाकर।
पुण्य, दान, शुभ कर्म करें; सत्य से रहित रहें तो क्या लाभ?
जैसा बीजेगा वैसा काटेगा, गुण के बिना जन्म विनाश।
गुणदासी होने से ही सुख होगा; अवगुणों को त्याग कर गुरुमति में समाये—वही पूर्ण है।
मूल राशि से रहित व्यापारी चहुँदिशि में घूमा; अपना मूल नहीं पहचाना,
वस्तु अपने घर में ही है।
बिना राशि के दुःख घना है, मिथ्यावादी को मिथ्या ने ठग लिया।

(***56***)

: 109 :

सिदकु सबूरी सादिका सबरु तोसा मलाइका ॥
दीदारु पूरे पाइआ थाउ नाही खाइका ॥2॥

वार सिरी रागु पउड़ी 2, सलोक 2

: 110 :

गलीं असी चंगीआ आचारी बुरीआह ॥
मनहु कुसुधा कालीआ बाहरि चिटवीआह ॥
रीसा करहि तिनाड़ीआ जो सेवहि दरु खड़ीआह ॥
नालि खसमै रतीआ माणहि सुखि रलीआह ॥
होदै ताणि निताणीआ रहहि निमानणीआह ॥
नानक जनमु सकारथा जे तिन कै संगि मिलाह ॥2॥

वार सिरी रागु पउड़ी 7 सलोक 2

: 111 :

गुणा का होवै वासुला कढ़ि वासु लईजै ॥
जे गुण होवनि साजना मिलि साझ करीजै ॥
साझ करीजै गुणह केरी छोडि अवगण चलीए ॥
पाहिरे पटंबर करि अडंबर आपणा पिड़ु मलीऐ ॥
जिथै जाइ बहीऐ भला कहीऐ झोलि अंमृतु पीजै ॥
गुणा का होवै वासुला कढि वासु लईजै ॥3॥ 1॥ 4॥

सूही छन्त

सदाचारु

: 112 :

गुरु सागरो रतनागरु तितु रतन घणेरे राम ॥
करि मजनो सपत सरे मन निरमल मेरे राम ॥
निरमल जलि नाए जा प्रभु भाए पंच मिले बीचारे ॥
कामु करोधु कपटु बिखिआ तजि सचु नामु उरि धारे ॥
हउमै लोभ लहरि लब थाके पाए दीन दइआला ॥
नानकु गुर समानि तीरथु नहीं कोई साचे गुरु गोपाला ॥3॥

आसा छन्त

: 109 :

सादिक का तोशा सिदक सबूरी, फरिश्तों का तोशा है सब्र।
वे पायेंगे पूरे प्रभु के दर्शन, मूर्ख के लिए नहीं कोई स्थान।

(*83*)

: 110 :

बात बनाने में हम पटु हैं, किन्तु बुरा आचार।
मन से हम कुशुद्ध औ' काली, तन से गोरी चिट्टी।
करें तुल्यता उनसे, जो खड़ी द्वार पर, सेवा करतीं।
स्वामी के अनुराग में पगीं, करती रंग-रलियाँ, भोगती सुख।
त्राण होने पर भी निस्त्राण, रहती मान बिना।
नानक का है कथन कि उनका जन्म सफल है, जो ऐसों की संगति में रहते। (*85*)

: 111 :

यदि हो हमारे पास गुणों की पिटारी, तो उसे खोलकर गुणों की सुगन्धि लें।
मित्रों में गुण हों तो, उनसे मिलें, गुणों को अपना लें।
गुणों की हो साझेदारी, अवगुणों को यहीं छोड़ चलें।
पहन कर रेशमी वस्त्र, सजा कर साज, अपनी जगह पर डटकर खड़े हों।
जहाँ भी जाकर बैठें हमारे भले कथन हों, काई परे हटाकर अमृत पान करें।
यदि हो हमारे पास गुणों की पिटारी, तो उसे खोल कर गुणों की सुगन्धि लें।

(765-66)

: 112 :

गुरु सागर रत्नाकर, उस में रत्न घने हैं।
गुरु है सप्त-सरोवर, इसमें स्नान द्वारा, हे मन, निर्मल हो जा।
प्रभु को यदि भाये तो निर्मल जल में जीव नहाये, पंचो से मिल कर विचार करे।
काम, क्रोध कपट, विषयों का त्याग करे, सत्य नाम को हृदय बसा ले।
अहं लोभ की लहर थक गई, दीनदयालु प्रभु को पाया।
नानक कहते गुरु समान कोई भी तीर्थ नहीं है, गुरु सच्चा गोपाल।

(*437*)

: 113 :

अवगुण छोडि गुणा कउ धावहु करि अवगुण पछुताही जीउ ॥1॥
सर अफसर की सार न जाणहि फिरि फिरि कीच बुडाही जीउ ॥2॥22॥
अंतरि मैलु लोभ बहु झूठे बाहरि नावहु काही जीउ ॥
निरमल नामु जपहु सद गुरुमुखि अंतर की गति ताही जीउ ॥3॥
परहरि लोभु निन्दा कूड़ु तिआगहु सचु गुरबचनी फलु पाही जीउ ॥
जिउ भावै तिउ राखहु हरि जीउ जन नानक सबदि सलाही जीउ ॥4॥9॥

सोरठि

[सिंहलद्वीप में राजा शिवनाथ गुरु नानक के दर्शन की प्रतीक्षा में था। उसने मन में सोचा मैं गुरु नानक को कैसे पहचान पाऊँगा। उसने एक उपाय सोचा। उसके नगर में यदि किसी साधु का प्रवेश होता तो वह उसे प्रलुब्ध करने के हेतु सुन्दर नर्तकियों को भेज देता। उसे विश्वास था कि वे गुरु को मोहित न कर सकेंगी। गुरु जी की यह रचना उन सुन्दर नर्तकियों को सम्बोधित है।]

: 114 :

गाछहु पुत्री राजकुमारी ॥ नामु भणहु सचु दोतु सवारि ॥
प्रिउ सोवहु प्रभ प्रेम अवारि ॥ गुर सबदी बिखु तिआस निवारि ॥7॥
मोहनि मोहि लीआ मनु मीहि ॥ गुर कै सबदि पछाना तोहि ॥
नानक ठाढे चाहहि प्रभु दुआरि ॥ तेरे नामि संतोखे किरपा धारि ॥8॥1॥

बसन्त असटपदीआ

: 113 :

अवगुण का त्याग करो गुणों की ओर दौड़ो; अवगुण के बाद होगा पश्चाताप।
जिन्हें नहीं अवसर कुअवसर का ज्ञान, डूबते हैं बार बार कीच में।
अन्दर है मल, लोभ और झूठ, बाहर स्नान से क्या होगा?
गुरु शब्द द्वारा सदा निर्मल नाम जपो सभी जान पाओगे अन्तर की गति।
तज दो लोभ निन्दा, त्याग दो असत्य, गुरु के वचन द्वारा सत्य-फल मिलेगा।
जैसे तुझे भाये, हरि, मुझे वैसे ही रख; नानक का कथन है दास हूँ तेरा, शब्द के द्वारा तेरे गुण गाऊँगा।

(598)

: 114 :

हे पुत्री, हे राजकुमारी, जाओ; नाम जपो और सत्य का शृङ्गार करो।
प्रिय की सेवा करो, प्रभु-प्रेम हो आधार; गुरु के शब्द द्वारा विषयों की प्यास का त्याग करो।
मेरा मन मोह लिया मोहन ने; गुरु-शब्द द्वारा मैंने तुम्हें पहचान लिया।
प्रभु के द्वार पर नानक खड़ा रहना चाहता है; कृपा करो स्वामी तेरे नाम से सन्तोष मिले।

(1187)

दैन्य

नीचा अंदरि नीच जाति नीची हू अति नीचु ॥
नानकु तिन कै संगि साथि वडिआ सिउ किआ रीस ॥
जिथै नीच समालिअनि तिथै नदरि तेरी बखसीस ॥[1]

सिरी रागु

---

1. *जो नीचों में अति नीच जाति, नीचातिनीच—*
नानक उनके संग साथ है; उच्च जातियों से क्या लेना-देना?
जहाँ नीच की रक्षा होती, वहीं तुम्हारी कृपा दृष्टिगत होती।

: 115 :

हउ ढाढी बेकारु कारै लाइआ ॥ रति दिहै कै बार धुरहु फुरमाइआ ॥
ढाढी सचै महलि खसमि बुलाइआ ॥ सची सिफति सालाह कपड़ा पाइआ ॥
सचा अमृत नामु भोजनु आइआ ॥ गुरमती खाया रजि तिनि सुखु पाइआ ॥
ढाढी करे पसाउ सबदु वजाइआ ॥ नानक सचु सालाहि पूरा पाइआ ॥27॥

वार माझ पउड़ी 27

: 116 :

सिमल रुखु सराइरा अति दीरघ अति मुचु ॥
ओइ जि आवहि आस करि जाहि निरासे कितु ॥
फल फिके फुल बकबके कमि न आवहि पत ॥
मिठतु नीवी नानका गुण चंगिआईआ ततु ॥
सभु को निलै आप कउ परकउ निवै न कोइ ॥
धरि ताराजू तोलीऐ निवै सु गउरा होइ ॥
अपराधी दूणा निवै जो हंता मिरगाहि ॥
सीसि निवाइऐ किआ थीऐ जा रिदै कुसुधे जाहि ॥1॥

वार आसा पउड़ी 14 सलोक 1

: 117 :

ना जाणा मूरखु है कोई ना जाणा सिआणा ॥
सदा साहिब कै रंगे राता अनदिनु नामु वखाणा ॥1॥
बाबा मूरखु हा नावै बलि जाउ ॥
तू करता तू दाना बीना तेरै नामि तराउ ॥1॥ रहाउ॥
मूरखु सिआणा एकु है एक जोति दुइ नाउ ॥
मुरखा सिरि मूरखु है जि मैने नाही नाउ ॥2॥

मारू असटपदीआ

: 115 :

मै ढाढी गायक बेकार, प्रभु ने लगाया मुझें काम पर।
उसके दरबार से फरमान आया : रात दिन कई बार मेरा यशोगान करे।
भाट को स्वामी ने सत्य महल में बुलवाया, खिल्लत पहनाई मुझे सच्चे गुणगान की।
सत्यामृत नाम का भोजन मिला, गुरमति के द्वारा जिसने खाया, अघाया, उसने सुख पाया।
भाट पर प्रभु का प्रसाद, मैं तल्लीन हो गया शब्द-वादन में।
नानक का कथन है जो करते सत्य का गुणगान, उन्हें पूर्ण प्रभु मिलता।

(*150*)

: 116 :

सेमर का वृक्ष अति सीधा, ऊँचा, दीर्घकाय।
पक्षी आ जाते हैं मन में आशायें लिए, वे निराश होकर किधर जायें?
फल है फीके, फूल हैं गन्धहीन, सेमर के पात किसी काम नहीं आते।
मृदु भाषण और नम्रता, दोनों हैं सद्गुणों, सत्कर्मों के सार-तत्त्व।
हर कोई चाहता अपने प्रति नम्रता, अन्य के प्रति नम्र कोई नहीं होता।
तराज़ू पर रखकर जब वस्तु तोली जाती है, झुकने वाला पलड़ा ही भारी समझा जाता है।
अपराधी दुगना झुकता है जैसे कोई मृग-हंता।
शीश झुकाने से क्या होगा, जब हृदय ही कुशुद्ध है!

(*470*)

: 117 :

मैं नहीं जानता कौन है मूर्ख, मैं नहीं जानता कि कौन बुद्धिमान है।
सदा स्वामी के रंग में रँगा, अनुदिन बखानता हूँ नाम।
बाबा, मैं मूर्ख ही भला, मैं नाम के बलिहारी।
तू कर्त्ता, तू ज्ञानी, तू दूरदर्शी, तेरे नाम द्वारा ही मेरा उद्धार है।
मूर्खातिमूर्ख है वह जिसे नाम में आस्था नहीं।

(*1015*)

लोकसेवा

सचु करणी अभ संतरि सेवा।
मनु तृपतासिआ अलख अभेवा ॥[1]

गउड़ी असटपदीआ

1. *कर्म हो शुभ, उर में हो सेवा का भाव।*
तब तृप्त हो जाता है मन, मिलता है प्रभु अलख, अभेव।

: 118 :

सेव कीती संतोखीई जिन्ही सचो सचु धिआइआ ॥
ओन्ही मंदै पैरु न रखिओ करि सुकृतु धरमु कमाइआ ॥
ओन्ही दुनीआ तोड़े बंधना अनु पाणी थोड़ा खाइआ ॥
तू बखसीसी अगला नित देवहि चड़हि सवाइआ ॥
वडिआई वडा पाइआ ॥7॥

वार आसा

: 119 :

सेवा सुरति रहसि गुण गावा गुरमुखि गिआनु बीचारा ॥
खोजी उपजै बादी बिनसै हउ बलि बलि गुर करतारा ॥
हम नीच होते हणि मति झूठे तू सबदि सवारणहारा ॥
आतम चीनि तहा तू तारण सचु तारे तारणहारा ॥3॥

: 120 :

इतु तनि लागै वणीआ ॥ सुखु होवै सेव कमाणीआ ॥
सभ दुनीआ आवण जाणीआ ॥3॥
विचि दुनीआ सेब कमाईऐ ॥ ता दरगह बैसणु पाईऐ ॥
कहु नानक बाह लुडाईऐ ॥4॥23॥

: 121 :

हउमै गरबु गवाई पाईऐ वीचारु ॥
साहिब सिउ मनु मानिआ दे साचु अधारु ॥2॥
अहिनिसि नामि संतोखीआ सेवा सचु साई ॥
ता कउ विघनु न लगई चालै हुकमि रजाई ॥3॥

आसा अस

: 122 :

ब्रहमा, बिसनु रिखी मुनी संकरू इंदु तपै भेखारी ॥
मानै हुकमु सोहै दरि साचै आकी मरहि अफारी ॥
जंगम जोध जती संनिआसी गुरि पूरे वीचारी ॥
बिनु सेवा फलु कबहु न पावसि सेवा करणी सारी ॥2॥

: 118 :

सेवा कर सकते हैं वही जिन्हें मन में सन्तोष है, सत्यातिसत्य में जिनका ध्यान लगा है।
वे नहीं रखते पाँव कभी कुपथ पर, वे करते सुकृत और धर्मापालन।
दुनिया के बन्धन उन्होंने तोड़ डाले हैं, अल्प है उनका खान-पान।
तू महादानी, नित्य करता है दान, तेरा दिया दान नित्य बढ़ता ही जाता है।
गुण-गान द्वारा महागुणी पाया जाता है।

(*466-67*)

: 119 :

गुरु के द्वारा यह ज्ञान मन में बस गया है :
सेवा में सुरति रखकर उसका गुणगान करो होगी आनन्द की प्राप्ति।
खोज से बढ़ता है ज्ञान, विवाद से होता है न्याय, गुरु-कर्त्तार के मैं बलिहारी।
हम थे नीच, मतिविहीन, झूटे, शब्दों के द्वारा तूने हमें सँवार दिया।
जहाँ आत्मा की पहचान वहाँ तू कर्णधार; तारक है सत्य, वही पार लगा देता है।

(*1255*)

: 120 :

इस तन को बाण लगे, सुख होगा सेवा किये।
सब दुनिया आनी जानी है।
दुनिया में सेवा करने से प्रभु चरणों में जा बैठोगे।
नानक कहते तुम भुजा डुलाते प्रभु के पास पहुँच जाओगे।

(*25-26*)

: 121 :

अहंकार गर्व का होता जब नाश, प्राप्त होता विचार :
मन को मिल जाये यदि सत्य का आधार, स्वामी से मन मान जाता है।
सच्ची सेवा तभी है, मन अहिनिशि नाम से लगा संतोष पा जाता है।
जो चलते प्रभु की आज्ञा अधीन, उनके मार्ग में कोई विघ्न-बाधा नहीं।

(*421*)

: 122 :

ब्रह्मा, विष्णु, ऋषि, मुनि, शंकर, इन्द्र, तपस्या करते हुए भी भिखारी है।
हुकम जो मानते वे प्रभु-चरणों में शोभित, अवज्ञाकारी अहंकारी भटकते रहते हैं।
जंगम, योद्धा, यति, सन्यासी, सभी के लिए पूर्ण गुरु का विचार हैः
सेवा के बिना फल कभी नहीं पाओगे, सेवा ही श्रेष्ठ है।

(*421*)

परमात्मा नाल प्यार

: 123 :

जउ तउ प्रेम खेलण का चाउ ॥ सिरु धरि तली गली मेरी आउ ॥
इतु मारणि पैरु धरीजै ॥ सिरु दीजै काणि न कीजै ॥20॥

सलोक वारां ते बधीक

: 124 :

रे मन ऐसी हरि सिउ प्रीति करि जैसी जल कमलेहि ॥
लहरी नालि पछाड़ीऐ भी विगसै असनेहि ॥
जल महि जीअ्र उपाइ कै बिनु जल मरणु तिनेहि ॥1॥
मन रे किउ छूटहि बिनु पिआर ॥
गुरमुखि अंतरि रवि रहिआ बखसे भगति भंडार ॥1॥ रहाउ॥
रे मन ऐसी हरि सिउ प्रीति करि जैसी मछुली नीर ॥
जिउ अधिकउ तिउ सुखु घणो मनि तनि सांति सरीर ॥
बिनु जल घड़ी न जीवई प्रभु जाणै अभ पीर ॥2॥
रे मन ऐसी हरि सिउ प्रीति करि जैसी चात्रिक मेह ॥
सर भरि थल हरीआवले इक बूंद न पवई केह ॥
करमी मिलै सो पाईए किरतु पइआ सिरि देह ॥3॥
रे मन ऐसी हरि सिउ प्रीति कर जैसी जल दुध होइ ॥
आवटणु आपे लवै दुध कउ खपणि न देह ॥
आपे मेलि बिछुनिआ सचि वडिआई देइ ॥4॥
रे मन ऐसी हरि सिउ प्रीति करि जैसी चकवी सूर ॥
खिनु पलु नीद न सोवई जाणै दूरि हजूरि ॥
मनमुखि सोझी ना पवै गुरमुखि सदा हजूरि ॥5॥

सिरी रागु असटपदीआ

: 125 :

नानक गाली कूड़ीआ बाझु परीति करेई ॥
तिवरु जाणै भला करि जिचरु लेवै देई ॥2॥

वार वडहंस पउड़ी 20 सलोक

: 123 :

यदि है तुम्हें प्रेम खेलने का चाव, तली पर सिर रखो, आओ मेरी गली में।
इस मार्ग में कदम यदि रखा है, सिर देते हुए आना कानी मत करो।

(*1412*)

: 124 :

रे मन हरि से कर प्रीति, जैसी जल से करता कमल।
पानी उसे लहरों से पछाड़ता, उसका स्नेहभाव विकसित ही होता है।
जल में ही उपजा बहु, जल के बिना उसका मरण है।
मन रे प्रेम के बिना कैसे छूट पाओगे?
गुरु की कृपा से जब अन्दर प्रभु रम जाता, देता जब दान में भक्ति का भण्डार।
रे मन, हरि से कर प्रीति, जैसे मछली करती है नीर से।
जल जितना अधिक, उतना ही घना सुख मन में और तन में शान्ति पाता शरीर।
जल के बिना घड़ी भर न जी सकती, अन्दर की पीड़ा प्रभु को ही पाता है।
रे मन हरि से कर प्रीति, जैसे चातक करता है मेंह से।
सरोवर भर जाते, महस्थल हरे हो जाते, उसे नहीं मिलती एक बूँद भी, क्यों?
कृपा से मिले तो ही प्राप्त होती वह, माथे पर लिखी जो कृति-रेखा अपना फल देती है।
रे मन हरि से कर प्रीति, जैसी है जल की दूध से।
औटन में खपता जाता, दूध को खपने न देता।
प्रभु स्वयं मिलाता बिछुड़े हुओं को, सत्य गरिमा देती है।
रे मन हरि से कर प्रीति, जैसे चकवी करती है प्रीति सूर्य से।
क्षण भर के लिए उसे नींद न आती, निकट ही होता प्रिय, वह समझती है दूर।
मनमुख को सूझ नहीं होती, गुरुमुख तो हरि को नित्य पाता समीप।

(*59-60*)

: 125 :

नानक का कथन है प्रेम के बिना सभी बातें असत्य है।
तब तक ही प्रभु को समझते हम भला, जब तक हम उससे अनुदान पाते हैं।

(*594*)

: 126 :

सूहा रंगु सुपनै निसी बिनु तागे गलि हारू ॥
सचा रंगु मजीठ का गुरुमुखि ब्रहम बीचारु ॥
नानक प्रेम महा रसी साभि बुरिआईआ छारु ॥2॥

वार सूही पउड़ी 4 सलोक

: 127 :

मोरी रुणझुण लाइआ भैणे सावणु आइआ ॥
तेरे मुंघ कटारे जेवडा तिनि लोभी लोभ लोभाइआ ॥
तेरे दरसन विटहु खनीऐ वंजा तेरे नाम विटहु कुरबाणे ॥
जा तू ता मै माणु कीआ है तुधु बिनु केहा मेरा माणो ॥
चूड़ा भंनु पलंघ सिउ मुधे सणु बाही सणु बाहा ॥
एते वेस करेदीए मुंधे सहु रातो अवराहा ॥
ना मनीआरु न चूड़ीआ ना से वंगुडीआहा ॥
जो सह कंठि न लगीआ जलनु सि वाहड़ीआहा ॥
सभि सहीआ सहु रावणि गईआ हउ दाधी कै दरि जावा ॥
अंमाली हउ खरी सुचजी तै सह एकि न भावा ॥
माठि गुंदाई पटीआ भरीऐ माग संधूरे ॥
अगै गई न मंनीआ मरउ विसूरि विसूरे ॥
मै रोवंदी सभु जगु रुना रुनड़े वणहु वंखेरू ॥
इकु न रुना मेरे तन का बिरहा जिनि हउ पिरहु बिछोड़ी ॥
सुपनै आइआ भी गइआ मै जलु भरिआ रोइ ॥
आइ न सका तुझ कनि पिआरे भेजि न सका कोइ ॥
आउ सभागी नीदड़ीए मतु सहु देखा सोइ ॥
तै सहिब की बात जि आखै कहु नानक किआ दीजै ॥
सीसु बढे करि बैसाणु दीजै विणु सिर सेव करीजै ॥
किउ न मरीजै जीअड़ा न दीजै जा सहु भइआ विडाणा ॥3॥

वडहंस

: 128 :

जां हउ तेरा ता सभु किछु मेरा हउ नाही तू होवहि ॥
आपे सकता आपे सुरता सकती जगतु परोवहि ॥
आपे भेजे आपे सदे रचना रचि रचि वेखै ॥
नानक सचा सची नाई सचु पवै धुरि लेखै ॥2॥

वार सारंग पउड़ी 13 सलोक

: 126 :

सूँहा रंग जैसे रात्रि का स्वप्न, जैसे कोई कण्ठहार तागे के बिना।
सच्चा रंग मजीठ का, गुरु द्वारा ब्रह्म विचार।
नानक का कथन है प्रेम है महारस, दुष्कर्मों दुर्गुणों को करता भस्मीभूत।

(*786*)

: 127 :

बहन, सावन आ गया, मुदित-मन मोर लगे कू-हू-कू करने।
प्रिय के कटाक्ष हैं कटारी, मैं मुग्धा, मुझे लुभा लिया नयनों ने, बाँध लिया रस्सी से।
तेरे दर्शन पर बलिहारी, खण्ड हो जाऊँ, तेरे नाम पर न्यौछावर।
तू मेरा है, इसका मान मुझे; तेरे बिना मुझे कैसा मान?
मुग्धा री, तोड़ दे चूड़ा पलंग से टकरा कर, टूट जाये बाँह और पलंग की बाँही।
इतनी शृङ्गार किया मुग्धा ने, पति किसी धन्य पर अनुरक्त है।
न मानिहार, न चूड़ियाँ, न बांके।
जल जायें बांहें, जो लिपट न पाईं पति के कण्ठ से।
चली गईं सब सखियाँ पति के आस्वादन हेतु, मैं दग्धा कहाँ जाऊँ?
सखी री, मैं स्वयं को समझती थी चतुरा, तभी तो पति को मैं बिल्कुल नहीं भाई!
केश विन्यास किया, मांग में सिन्धूर भरा।
तो भी न हुई मान्य, मरती हूँ झुर झुर कर।
मैं रोई, रोने लगा सारा जगत्, रोने लगे वन-पाँखी।
एक न पसीजा मेरे तन का विरह, जिस ने मुझे प्रिय से विच्छिन्न कर रखा है।
स्वप्न में आया और चला गया, आँसू भर आये, मैं रो दी।
मैं नहीं आ सकती, प्रिय, तेरे पास; भेज भी न सकती किसी को।
निद्रा सौभागिनी तू ही था, शायद मैं देख सकूँ अपने प्रिय को।
जो कहे स्वामी से बात, नानक उसे क्या दे?
आसन दे काट कर अपना शीश, सेवा करे स्वयं बिना शीश।
क्यों न मर जाये? प्राण क्यों न दे दे? जब पति हो गया बेगाना। (*557-58*)

: 128 :

जब मैं तेरा हूँ, सब कुछ मेरा है; मैं नहीं होता, तू होता है।
तू सर्व शक्तिशाली, तू सर्वज्ञ, तेरी शक्ति ने यह जगत् पिरोया है।
स्वंय भेजते हो और स्वयं बुला लेते हो, रचना रचते हो और उसे देखा करते हो।
नानक का कथन है वह है सत्य, सत्य नाम; उसके लेखे में केवल सत्य का ही मूल्य है।

(*1242*)

: 129 :

वैदु बुलाइआ वैदगी पकड़ि ढंढोले बांह ॥
भोला वैदु न जाणई करक कलेजे माहि ॥1॥

वार सलार पउड़ी 13 सलोक

हुकम और रजा

: 130 :

सोचै सोचि न होवई जे सोची लख वार ॥
चुपै चुपि न होइव होवई जे लइ रहा लिवतार ॥
भुखिया भुख न उतरी जे बंना पुरीआ भार ॥
सहस सिआणपा लख होहि त इक न चलै नालि ॥
किव सुचिआरा होईऐ किव कूड़ै तुटै पालि ॥
हुकमि रजाई चलणा नानक लिखिआ नालि ॥1॥
हुकम होवनि आकार हुकमु न कहिआ जाई ॥
हुकमी होवनि जीअ हुकमि मिलै वडिआई ॥
हुकमी उतमु नीचु हुकमि लिखि दुख सुख पाईअहि ॥
इकना हुकमि बखसीस इकि हुकमी सदा भवाईअहि ॥
हुकमै अंदरि सभु को बाहरि हुकम न कोइ ॥
नानक हुकमै जे बुझै त हउमै कहै न कोइ ॥2॥

जपु पउड़ी 1 और 2

: 131 :

हुकमे आइआ हुकमि समाइआ ॥ हुकमे दीसै जगतु उपाइआ ॥
हुकमे सुरगु मछु पइआला हुकमे कला रहाइदा ॥10॥
हुकमे धरती धउल सिरि भार ॥ हुकमे पउण पाणी गैणारं ॥
हुकमे सिव सकती घरि वासा हुकमे खेल खेलाइदा ॥11॥
हुकमे आडाणे आगासी ॥ हुकमे जल थल त्रिभवण वासी ॥
हुकमे सास गिरास सदा फुनि हुकमे देखि दिखाइदा ॥12॥
हुकमि उपाए दस अउतारा ॥ देव दानव अगणत अपारा ॥
मानै हुकमु सु दरगह पैझै साचि मिलाइ समाइदा ॥13॥
हुकमे जुग छतीह गुदारे ॥ हुकमे सिध साधिक बीचारे ॥
आपि नाथु नाथी सभ जा की बखसे मुकति कराइदा ॥14॥

मारू सालहे

: 129 :

वैद्य को बुलाया गया रोग के निदानार्थ, पकड़कर बाँह नाड़ी टटोलने लगा।
भोला है वैद्य, इतना भी न जाने, कसक तो मेरे कलेजे में हैं।

(1279)

: 130 :

सोचने से सोच भी न पाता यदि सोचा करूँ लाख बार।
चुप रहना चाहूँ, चुप भी न रह पाऊँ; भले ही निरन्तर लौ लगाता रहूँ।
सत्य की भूख मिटती ही नहीं; भले ही मिल जायें मुझे पुरियों के भार।
लाखों हजारों चतुराइयाँ, किन्तु नहीं देती एक भी साथ।
कैसे सत्यरूप होऊँ? टूटेगी कैसे असत्य की दीवार?
हुकम में चलो, रजा में रहो, नानक का कथन है कि वह विधि-रेखा लिखी गई हमारे साथ।
हुकम से होते आकार, हुकम का कथन किया नहीं जा सकता।
हुकम से होते जीव, हुकम से मिलता है गौरव।
हुकम से होते है उत्तम और नीच, हुकम से पाते हैं दुःख और सुख।
हुकम से ही मिलती मुक्ति, हुकम से ही रहते सदा अमित।
हुकम में रहती है सकल सृष्टि, हुकम से बाहर कोई नहीं।
नानक का कथन है कि हुकम से मिलता है जिसे अन्तर्ज्ञान, हो जाता वह निरंहकार।

(1)

: 131 :

हुकम से आते हैं, हुकम में समाते हैं, यह सारा दृश्य जगत् उपजता है हुकम से।
हुकम से स्वर्ग, मर्त्यलोक और पाताल पैदा, होते हुकम की कला से ये स्थित है।
हुकम से ही धवल ने धरती का भार सिर पर उठा रखा है, हुकम से ही पवन, पानी, आकाश है।
हुकम से शिव टिका शक्ति के घर में, हुकम से ही चलता यह खेल।
हुकम से आकाश टिका है निराधार, हुकम से ही जलचर, थलचर और त्रिभुवन के जीव।
हुकम से श्वास और ग्रास सदा, हुकम से ही होती सब की देख-रेख।
हुकम से उत्पन्न हुए दशावतार, अगणित अपार देव-दानव समूह।
हुकम जो मानें, प्रभु-चरणों में मान्य वे, सत्य से मिलकर सत्यरूप हो जाते हैं।
हुकम में गुजर गये छत्तीस युग, हुकम में करते सिद्ध, साधक विचार।
वह स्वयं नाथ, उसने नाथ रखी सकल सृष्टि, वह कृपा द्वारा ही मुक्ति करता प्रदान।

(1037)

: 132 :

नानक बोलेणु झखणा दुख छडि मंगीआहि सुख ॥
सुखु दुख दुइ दरि कपड़े पहिरहि जाइ मनुख ॥
जिथै बौलणि हारीऐ तिथै चंगी चुप ॥2॥

वार माझ पउड़ी 24 सलोक

पाण्डित्य और सदाचार

: 133 :

पड़ि पड़ि गडी लदीअहि पड़ि पड़ि भरीअहि साथ ॥
पड़ि पड़ि बेड़ी पाईऐ पड़ि पड़ि गडीअहि खात ॥
पड़ीअहि जेते बरस बरस पड़ीअहि जेते मास ॥
पड़ीऐ जेती आरजा पड़ीअहि जेते सास ॥
नानक लेखै डूक गल होरु हउमै झखणा झाख ॥1॥

वार आसा पउड़ी 9

: 134 :

ईवड़ी आदि पुरखु है दाता आपे सचा सोई ॥
एना अखरा माहि जो गुरमुखि बझै तिसु सिरि लेखु न होई ॥2॥
ङङै ङिआनु बूझे जे कोई ॥ पड़िआ पंडितु सोई ॥
सरब जीआ महि एको जाणै ता हउमै कहै न कोई ॥4॥

आसा पटी

: 135 :

पाघा पड़िआ आखीऐ विदिआ बिचरै सहजि सुभाइ ॥
बिदिआ सोधै तंतु लहै राम नाम लिव लाइ ॥
मनमुख बिदिआ क्रिबदा बिधु खटे बिखु खाइ ॥
मूरखु सबदु न चीनई सूझ बूझ नह काइ ॥53॥
पाया गुरमुखि आखीऐ चाटड़िआ मति देइ ॥
नामु समालहु नामु संगरहु लाहा जग महि लेइ ॥
सची पटी सचु मनि पड़ीऐ सबदु सु सारु ॥
नानक सो पड़िआ सो पंडितु बीना जिसु राम नामु गलि हारु ॥54॥1॥

रामकली दखणी, ओंकार

: 132 :

नानक का कथन है दुःख को छोड़कर मात्र सुख मांगना अपव्यय वाणी का।
सुख और दुःख दो पोशाकें मिलती है उस के द्वार से, इन्हें पहनता चला आया मनुष्य।
जहाँ बोलने से पराजय होती है, मौन ही वहाँ भला।

(149)

: 133 :

पढ़ पढ़ कर लाद लें गाड़ियाँ व ऊँट।
पढ़ पढ़ कर भर लें नावें और गड्ढ़े।
पढ़ते रहें वर्षों तक सभी महीने।
सारी आयु, सभी श्वास पढ़ने में गुजार दे।
नानक का कथन है, लेखे में आयेगी केवल एक बात; उसके बिना शेष अहंकार में खपना है।

(467)

: 134 :

वह आदि पुरुष, वह स्वयं सत्य, सब का है दाता।
इन अक्षरों में गुरुमुख जो बूझ ले, उसके सिर पर लेख नहीं होता।
बूझ ले जो ज्ञान, वही है साक्षर, वहीं पंडित।
सर्व जीवजाति में जो देखता है केवल एक, वह मुक्त अहंकार से।

(432)

: 135 :

वह पाधा विद्वान कहा जा सकता, जो सहज भाव से करता विद्या-दान।
करता विद्या की शोध, तत्त्व करता ग्रहण, रहता राम नाम लिवलीन।
मनमुख विद्या का विक्रय करता, विष खाता और कमाता।
वह मूर्ख कभी न शब्द चीन्हता, उसे न कोई सूझ-बूझ।
पाधा वही गुरुमुख कहा जा सकता, जो शिष्यों को मति देता।
कि करो नाम का स्मरण, नाम का संग्रह जगत् में आने का यह लाभ–
सत्य की पाटी, सच्चे मन से पढ़ो, शब्द है सार।
नानक का है कथन वही विद्वान्, वही पंडित, वह स्याना, जिसके गले में राम-नाम का हार।

(937-38)

: 136 :

माहा रुती सभ तू घड़ी मूरत वीचारा ॥
तू गणतै किने न पाइओ सचे अलख अपारा ॥
पड़िआ मूरुखु आखीऐ जिसु लबु लोभ अहंकारा ॥
नाउ पड़ीऐ नाउ बुझीऐ गुरमती बीचारा ॥
गुरमती नामु धनु खटिआ भगती भरे भंडारा ॥
निरमलु नामु मनीआ दरि सचै सचिआरा ॥
जिसदा जीउ पराणु है अंतरि जोति अपारा ॥
सचा साहु इकु तू होरु जगतु वणजारा ॥6॥

वार माझ, पउड़ी 6

आन्तरिक परिवर्तन के बिना वेश, रीति, रिवाज, पूजा, जप, तप, तीर्थाटन और संयम वृथा हैं

: 137 :

इकि कंदे मूलु चुणि खाहि वण खंडि वासा ॥
इकि भगवा वेसु करि फिरहि जोगी सनिआसा ॥
अंदरि तृसना बहुतु छादन भोजन की आसा ॥
बिरथा जनमु गवाइ न गिरही न उदासा ॥
जम कालु सिरहु न उतरै त्रिविधि मनसा ॥
गुरमती कालु न आवै नेड़ै जा होवै दास निदासा ॥
सचा सबदु सचु मनि घर ही महि उदासा ॥
नानक सतिगुरु सेवनि आपणा से आसा ते निरासा ॥5॥

वार माझ पउड़ी 5

: 138 :

जगु परबोधहि मड़ी वधावहि ॥ आसणु तिआगि काहे सचु पावहि ॥
ममता मोहु कामणि हितकारी ॥ ना भउधूती ना संसारी ॥1॥
जोगी बैसि रहहु दुविधा दुखु भागै ॥ घरि घरि मागत लाज न लागै ॥1॥ रहाउ ॥
गावहि गीत न चीनहि आपु ॥ किउ लागी निवरै परतापु ॥
गुर कै सबदि रचै मन भाइ ॥ भिखिआ सहज बीचारी खाइ ॥2॥
भसम चढ़ाइ करहि पाखंड ॥ माइआ मोहि सहहि जम डंडु ॥
फुटै खापरु भीख न भाइ ॥ बंधनि बाधिआ आवै जाइ ॥3॥
बिंदु न राखहि जाती कहावहि ॥ माई मागत वै लोभावहि ॥

: 136 :

सभी मास, ऋतु, घड़ी, मूहर्त्त में, मैं ने प्रभु का मनन किया।
हे सत्य, अलख, तू है अपार; गणना के द्वारा तुझे न पाया जाता।
वह पढ़ा-लिखा भी मूर्ख, जिसे है मोह, लाभ, अहंकार।
गुरमति का यही विचार—कि नाम पढ़ो और नाम ही बूझो।
गुरमति से नाम-धन कमाया जाता, भक्ति से भण्डार भरें।
नाम मान लेने से निर्मल हो जाते हैं, सच्चे के द्वार पर स्थित हैं सत्याचारी।
तेरे ही जीव और प्राण हैं, सभी के अन्दर तेरी ही ज्योति है।
तू है एक सच्चा साहूकार, शेष जगत् तेरा बनिजारा है।

(*140*)

: 137 :

कुछ लोग कन्दमूल खाते, वन-खण्ड में रहते हैं।
कुछ लोग भगवा वेषधारी—योगी, संयासी नित्य भ्रमण करते हैं।
अन्दर बहुत तृष्णा, भोजन छादन की आशा।
वृथा गँवाया जन्म, न गृहस्थ न विरक्त।
यमकाल उतरता नहीं सिर से, मन त्रिगुणों के वश में है।
गुरमति द्वारा काल निकट नहीं आता, यदि हो जाओ प्रभुदासों के दास।
सत्य शब्द रहता है सत्य मन में, तो घर में ही उदास हो।
नानक का कथन है जो करते हैं अपने गुरु की सेवा, वे आशा से निराश।

(*140*)

: 138 :

मठाधीश बनकर दुनिया को देते हैं उपदेश; आसन को त्यागकर कैसे पायेंगे शांति?
ममता, मोह, कामिनी के हितकारी; न अवधूत, न गृहस्थ।
योगी, बैठ रहो अपने आसन पर, दुःख भाग जायेंगे; घर घर मांगते तुम्हें लाज नहीं आती?
गाते हो गीत, अपना आप नहीं चीन्हते; कैसे दूर होगा तुम्हारा परिताप?
मन में बसाकर प्रेम गुरु के शब्द में समा जाओं; सहज ही मिलेगी तुम्हें भिक्षा विचार की।
भस्म रमाकर करते हो पाखण्ड; माया और मोह में फँसे सहोगे यम दण्ड।
फूटे खप्पर में भाव की भिक्षा टिक नहीं सकती; बँधन में बँधा आयेगा, जायेगा।
यति कहलाता है, वीर्य्य की रक्षा कर नहीं पाता; 'माई' से मांगता है और उसे ही लुभाता है।

: 138 :

निरदइआ नहीं जोति उजाला ॥ बूडत बूडे सरब जंजाला ॥4॥
भेख करहि खिथा बहु थटूआ ॥ झूठो खेलु खेलै बहु नटूआ ॥
अंतरि अगनि चिन्ता बहु जारे ॥ विणु करमा कैसे उतरसि पारे ॥5॥
मुँद्रा फटक बनाई कानि ॥ मुकति नहीं बिदिआ बिगिआनि ॥
जिहवा इन्द्री सादि लोभाना ॥ पसू भए नहीं मिटै नीसाना ॥6॥
त्रिविधि लोग त्रिविधि जोगा ॥ सबदु बीचारै चूकसि सोगा ॥
ऊजल सोचु सु सबदु होइ ॥ जोगी जुगति वीचारे सोइ ॥7॥
तुझ पहि नउनिधि तू करणै जोगु ॥ थापि उथापे करे सु होगु ॥
जतु सातु संजमु सचु सु चीतु ॥ नानक जोगी त्रिभवण मीतु ॥8॥2॥

रामकली असटपदीआ

: 139 :

इकि बन माहि बैसहि डूगरि असथानु ॥ नामु बिसारि पचहि अभिमानु ॥
नाम बिना किआ गिआन विआनु ॥ गुरमुखि पावहि दरगहि मानु ॥3॥
हठु अहंकारु करै नहीं पावै ॥ पाठ पड़ै ले लोक सुणावै ॥
तीरथि भरमसि बिआधि न जावै ॥ नाम बिना कैसे सुखु पावै ॥4॥
जतन करै बिंदु किवै न रहाई ॥ मनूआ डोलै नरकै पाई ॥
जमपुरि बाधो लहै सजाई ॥ बिनु नावै जीउ जलि बलि जाइ ॥5॥
सिध साधिक केते मुनि देवा ॥ हठि निग्रहि न तृपतावहि भेवा ॥
सबदु बीचारि गहहि गुर सेवा ॥ मनि तनि निरमल अभिमान अभेवा ॥6॥
करमि मिलै पावै सचु नाउ ॥ तुम सरणागति रहउ सुभाउ ॥
तुम ते उपजिओ भगती भाउ ॥ जपु जापउ गुरमुख हरि नाउ ॥7॥
हउमै गरबु जाइ मन भीनै ॥ झूठि न पावसि पाखंडि कीनै ॥
बिनु गुर सबद नहीं घरु बारु ॥ नानक गुरमुखि ततु बीचारु ॥8॥6॥

रामकली असटपदीआ

: 140 :

हिन्दू कै धरि हिन्दू आवै ॥ सूतु जनेऊ पड़ि गलि पावै ॥
सूतु पाइ करे दुरिआई ॥ नाता धोता थाइ न पाई ॥
मुसलमानु करे वडिआई ॥ विणु गुर पीरै को थाइ न पाई ॥
राहु दसाइ ओथै को जाइ ॥ करणी बाझहु भिसति न पाइ ॥
जोगी कै घरि जुगति दसाई ॥ तित कारणि कनि मुद्रा पाई ॥
मुंद्रा पाइ फिरै संसारि ॥ जिथै किथै सिरजणहारु ॥

हे निर्दय, अन्दर नहीं है ज्योति, नहीं है आलोक; सिर से पाँव तक डूबा है जंजाल में।
चिथड़ों की गुदड़ी पहन बनते हो वेषधारी; नंट के समान खेलते हो बहुत खेल।
चिन्ता की अग्नि मन को जलाती है; करनी के बिना कैसे उतरोगे पार।
कानों में पहनी है स्फटिक-मणि-मुद्रा; विद्या-विज्ञान-हीन कैसे पाओगे मुक्ति।
जिह्वा-इन्द्रिय लुभाये हैं स्वाद में, पशु हैं वे; माथे से कभी मिटेगा नहीं यह कलंक।
योगी और योगीतर लोग सभी हैं त्रिविधि गुणों के वश में, शब्द विचारें तो शोक कट जायेगा।
सु-शब्द के द्वारा होता जो उज्जवल, शुचि; योगी वही जानेगा योग की युक्ति।
नवनिधि हैं तेरे पास, सब करने में तू समर्थ; तू करता स्थापित औ' विस्थापित, होगा वही जो तू करेगा।
चित्त में हो सत्य तो जप, तप, संयम सम्पन्न; नानक का कथन है योगी है त्रिभुवन का मित्र।

(903)

: 139 :

रहते है वन में या पर्वत-क्षेत्र में, भूलकर नाम, सुलगते है अभिमान में।
नाम के बिना कैसा ज्ञान, कैसा ध्यान? गुरुमुखों को मिलता है प्रभु-चरणों में सम्मान।
हठ-अहंकार से प्रभु नहीं मिलता, भले ही पढ़ो ग्रन्थ अथवा पढ़ पढ़कर लोगों को सुनाओ।
तीर्थाटन से व्याधि नहीं जाती; नाम के बिना कैसे सुख पाओगे?
यत्न करने से वीर्य्य कहाँ रुकता है! मन विचलित है, जाओगे नरक में।
यमपुरी में बद्ध वह निश्चय दण्ड पायेगा, नाम के बिना जीव जलता ही रहता है।
कितने ही सिद्ध, साधक, मुनि, देव; हठ-निग्रह से तृप्ति नहीं पाते हैं।
शब्द की विचार से जो गुरु-सेवा में लगते हैं; मन, तन निर्मल कर लेते हैं अहंकार मिट जाता है।
जिन पर होती है कृपा सत्य नाम पा लेते; वे होते तेरे शरणागत प्रेम-सहित।
तुम से ही उपजता भक्तिभाव; गुरु के द्वारा ही जपते है हरि-नाम।
मन नाम में भीग जाये, तो मिट जाता है गर्व; अहंकार, झूट, पाखण्ड से कुछ भी न पाओगे।
गुरु-शब्द के बिना अपना घर नहीं मिलता, नानक का कथन है गुरुमुख-विचार का यही है सार।

(905-6)

: 140 :

हिन्दू धर्म में जब हिन्दू का होता है प्रवेश, मंत्र पढ़कर गले में डाल देते हैं सूत का जनेऊ।
जनेऊ पहन कर करता है दुष्कर्म, स्नानादि से उसे कुछ भी लाभ नहीं।
मुसलमान अपना धर्म है सराहता, गुरु पीर के बिना कोई स्थान नहीं पाता (दरगाह में)
दर्शाया गया जो मार्ग, उस पर चलता है कौन? करनी के बिना बहिश्त कैसे जाओगे?
योगियों के पंथ में करना चाहें प्रवेश, योग की युक्ति बता दी जाती है; उसी के हेतु कानों में पहनाते हैं मुद्रिकायें।

जेते जीअ तेते वाटाऊ ॥ चीरी आई ढिल न काऊ ॥
एथै जाणै सु जाइ सिआणै ॥ होरु फकड़ु हिन्दू मुसलमाणै ॥
सभना का दरि लेखा होइ ॥ करणी बाझहु तरै न कोइ ॥
सचो सचु बखाणै कोइ ॥ नानक अगै पुछ न होइ ॥2॥

वार रामकली पउड़ी 11 सलोक

: 141 :

कुबुधि डूमणी कुदइआ कसाइणि पर निन्दा घट चूहड़ी मुठी क्रोधि चंडालि ॥
कारी कढी किआ धीऐ जाँ चारे बैठीआ नालि ॥
सचु संजमु करणी कारां नावणु नाउ जपेही ॥
नानक अगै उत्तम सेई जि पापां पंदि न देही ॥

वार सिरी रागु पउड़ी 20 सलोक

: 142 :

सूचे एहि न आखीअहि बहिन जि पिंडा धोइ ॥
सूचे सेई नानका जिन मनि वसिआ सोइ ॥2॥

वार आसा पउड़ी 27

: 143 :

जे रतु लगै कपड़ै जामा होइ पलीतु ॥
जो रतु पीवहि माणसा तिन किउ निरमलु चीतु ॥
नानक नाउ खुदाइ का दिलि हछै मुखि लेहु ॥
अवरि दिवाजे दुनी के झूठे अमल करेहु ॥1॥

वार माझ पउड़ी 6 सलोक

मन जीतै जगु जीतु

: 144 :

मनु मैगलु साकतु देवाना ॥ बनखंडि मसाइआ मोहि हैराना ॥
इत उत जाहि काल के चापे ॥ गुरमुखि खोजि लहै घरु आपे ॥1॥
बिनु गुर सबदै मनु नहीं ठउरा ॥
सिमरहु राम नामु अति निरमलु अवर तिआगहु हउमै कउरा ॥1॥रहाउ॥
इहु मनु मुगधु कहहु किउ रहसी ॥ बिनु समझे जम का दुखु सहसी ॥

मुद्रिका पहन कर करते हैं देशाटन; यहाँ वहाँ हर जगह है कर्त्ता।
जितने भी जीव हैं बटाऊ हैं; आती है जब मृत्यु की पाती, रुकना नहीं होगा।
प्रभु को जो जानेगा इहलोक में, पहचान लेगा वह परलोक में भी।
अन्यथा हिन्दू औ' मुस्लिम की—बात सब व्यर्थ है।
उसके द्वार पर लेखा होगा सब का, करनी के बिना कोई भी मुक्ति नहीं पायेगा।
केवल सत्य, शुद्ध सत्य—कोई बिरला ही कहता है।
नानक का कथन है ऐसे सत्यवक्ता का परलोक में परीक्षण नहीं होगा।

(951-52)

: 141 :

कुबुद्धि है डोमिनी, कुदया कसाइन; परनिन्दा घट में जैसे हो भंगिन, क्रोध-चाण्ढाली ने ठगी है आत्मा।
चौके की रेखायें खींचने से क्या होगा, जबकि ये चारों तुम्हारे अंग-संग बैठी हैं?
सत्य है संयम, करनी हैं रेखायें, नाम-स्मरण है स्नान।
नानक का कथन है पाप की शिक्षा दूसरों को मत दो, तब ही परलोक में उत्तम माने जाओगे।

(91)

: 142 :

काया पखार कर वे जो बैठे हैं, स्वच्छ वे नहीं।
नानक का कथन है स्वच्छ हैं वे जिन के मन में प्रभु का आवास है।

(472)

: 143 :

रक्त यदि जग जाये वस्त्र में, जामा हो जाता फलीद।
जो पीते है मानव का लोहू, उनका चित निर्मल कैसे रह सकता है?
नानक का कथन है तभी लो मुख से खुदा का नाम, जब दिल साफ हो।
अन्यथा दिखावट वह दुनिया के लिये, वह झठा कर्म है।

(140)

: 144 :

शाक्त मन हाथी मदमत्त दीवाना; माया-मोह के जंगल में भटकता है हैरान।
काल का धकेला इधर-उधर फिरता है; गुरुमुख स्वयं ही अपना घर ढूंढ़ लेता।
गुरु-शब्द के बिना मन ठौर नहीं पाता है।
स्मरण करो राम नाम अति निर्मल; इसके अतिरिक्त जो कुछ भी है कटु अहंकार है, उसका त्याग करो।
यह मन मुग्ध; कहो यह कैसे टिकेगा? ज्ञानहीन सहेगा मृत्यु का दुःख।

आपे बखसे सतिगुरु मेलै ॥ कालु कंटकु मारे सचु पेलै ॥2॥
इहु मनु करमा इहु मनु धरमा ॥ इहु मनु पंच ततु ते जनमा ॥
साकतु लोभी इहु मनु मूड़ा ॥ गुरमुखि नामु जपै मनु रूड़ा ॥3॥
गुरमुमि मनु असथाने सोई ॥ गुरमुखि त्रिभवणि सोझी होई ॥
इहु मनु जोगी भोगी तपु तापै ॥ गुरमुखि चीन्है हरि प्रभु आपै ॥4॥
मनु बैरागी हउमै तिआगी ॥ घटि घटि मनसा दुविधा लागी ॥
राम रसाइणु गुरमुखि चाखै ॥ दरि घरि महली हरि पति राखै ॥5॥
इहु मनु राजा सूर संग्रामि ॥ इहु मनु निरभउ गुरमुखि नामि ॥
मारे पंच अपुनै वसि कोए ॥ हउमै ग्रासि इकतु थाइ कीए ॥6॥
गुरमुखि राग सुआद अन तिआगे ॥ गुरमुखि इहु मनु भगती जागे ॥
अनहद सुणि मानिआ सबदु वीचारी ॥ आतमु चीन्हि भए निरंकारी ॥7॥
इहु मनु निरमलु दरि धरि सोई ॥ गुरमुखि भगत भाउ धुनि होई॥
अहिनिसि हरि जसु गुरपरसादि ॥ घटि घटि प्रभु आदि जुगादि ॥8॥
राम रसाइणि इहु मनु माता ॥ सरब रसाइणु गुरमुखि जाता ॥
भगति हेतु गुर चरण निवासा ॥ नानक हरि जन के दासनि दासा ॥9॥8॥

आसा असटपदीआ

: 145 :

तरवरु काइआ पंखि मनु तरवरि पंखी पंच ॥
ततु चुगहि मिलि एक से तिन कउ फास न रंच ॥
उडहि त बेगुल बेगुले ताकहि चोग घणी ॥
पंख तुटे फाही पड़ी अवगुणि भीड़ बणी ॥
बिनु साचे किउ छूटीऐ हरि गुण करमि मणी ॥
आपि छडाए छूटीऐ वडा आपि घणी ॥
गुरपरसादी छूटीऐ किरपा आपि करेइ ॥
अपणै हथि वडाईआ जै भावै तै देह ॥33॥

रामकली दखणी, ओअंकार

: 146 :

भूली भूली मैं फिरी पाधरू कहै न कोई ॥
पूछहु जाइ सिआणिआ दुखु काटै मेरा कोई ॥
सतिगुरु साचा मनि वसै साजनु उत ही ठाइ ॥
नानक मनु तृपतासीऐ सिफती साचे नाइ ॥1॥

वार मारू पउड़ी 3 सलोक

प्रभु की कृपा से होगा सत्गुरु से मेल; तब सत्य द्वारा प्रेरित वह कर देगा काल कष्टक का नाश।
यह मन कर्म-धर्म का संचालक, यह मन पञ्च तत्त्वों से बना है।
गुरुमुख का मना पा लेगा अपना स्थान; गुरु की कृपा से हो जायेगा त्रिभुवन का ज्ञाता।
यह मन योगी, भोगी और तपस्वी; गुरु के द्वारा वह चीन्हता है प्रभु को एवं स्वयं को।
मन बैरागी अहम् त्यागे; घट घट में लगी मनसा और दुविधा।
गुरुमुख चखता है राम-रसायन; लोक परलोक में हरि रक्षा करता है इसके सम्मान की।
यह मन राजा, संग्राम-शूर; नाम के द्वारा यह मन हो जाता है निर्भय गुरुमुख।
पंच पराजित किये कर लिया उन्हें अपने वश में।
अहम् को खा लिया एक ही कौर में; पाँच को एक ही ठौर चित कर डाला।
गुरुमुख त्याग देता है अन्य राग-स्वाद; गुरुमुख-मन होता है भक्ति में जागरूक।
करता है अनाहत् का श्रवण, मनन, चिन्तन; आत्म को चिन्ह स्वयं होता है निरंकार।
यह मन निर्मल देखता है यहाँ वहाँ केवल एक वही; गुरुमुख की लगन भाव-भक्ति में लगती है।
गुरु की कृपा से अहिनिशि हरि-यश में लीन; हरि है व्याप्त घट घट में, आदि युगादि से।
राम-रसायन से यह मन मस्त है; गुरु की कृपा से सर्व-रसायन को जान लिया।
भक्ति हेतु गुरु-चरणों में निवास है; नानक का कथन है वह है हरिजनों का दासानुदास।

(415-16)

: 145 :

तरुवर-काया, पक्षी-मन, तरुवर पर बैठे हैं और भी पक्षी पाँच।
मिलकर यदि सारे चुगे तत्त्व का दाना, तब नहीं फन्दे में फँसेंगे।
उड़ेंगे यदि इधर-उधर तेज़ी से, ढूँढते घना खाद्य–
पंख टूट जायेंगे, फन्दे में फँस जायेंगे, अवगुण उलझायेंगे संकट में।
सत्य के बिना कैसे छूट पायेंगे, हरि-गुणगान सर्वोतम कर्म है।
वह स्वामी है शिरोमणि, वह मुक्ति दिलाये तो मुक्त हो जायें।
गुरु की कृपा से मिलेगा छुटकारा, कृपा वह स्वयं करता है।
सभी वरदान उसके हाथ में हैं, जिस पर प्रसन्न वह उसे ही करता प्रदान।

(934)

: 146 :

पथभ्रष्ट भटकती रही मैं, किसे ने मार्ग न सुझाया।
पूछती रही कुशल बुद्धिमानों से, मेरा दुःख कैसे कटेगा?
सत्गुरु सच्चा मन में बस जाता है, वहीं आ बसते हैं साजन।
नानक का कथन है, सच्चे नाम के गुणगान से मन तृप्त होता है।

(1087)

: 147 :

हुकमि रजाई साखती दरगह सचु कबूलु ॥
साहिबु लेखा मंगसी दुनीआ देखि न भूलु ॥
दिल दरवानी जो करे दरवेसी दिलु रासि ॥
इसक मुहबति नानका लेखा करते पासि ॥1॥
अलगउ जोइ मधूकड़उ सारंगपाणि सवाइ ॥
हीरे हीरा बेधिआ नानक कंठि समाइ ॥2॥

वार मारू पउड़ी 12 सलोक

: 148 :

भोलतणि भै मनि वसै हेकै पाधर हीडु ॥
अति डाहपणि दुखु घणो तीन थाव भरीडु ॥1॥

वार मारू पउड़ी 14 सलोक

: 149 :

अजरु जरै त नउ कुल बंधु ॥ पूजै प्राण होवै थिरु कंधु ॥
कहाँ ते आइआ कहाँ एहु जाणु ॥ जीवत मरत रहै परवाणु ॥
हुकमै बूझै ततु पछाणै ॥ इहु परसादु गुरु ते जाणै ॥
होदा फड़ीअगु नानक जाणु ॥ ना हउ ना मैं जूनी पाणु ॥2॥

वार मलार पउड़ी 24 सलोक

: 147 :

प्रभु के हुकम से यह रचना, प्रभु-चरणों में सत्य ही मान्य है।
स्वामी मांगेगा लेखा, दुनिया को देखकर उसे मत भूल।
दिल का दरबान बने, दिल रखे सन्मार्ग पर; वही दरवेश है।
नानक का कथन है, प्रेम और प्रीति का लेखा कर्त्ता के पास है।
मधुकर की भाँति निर्लिप्त रहकर देखोगे, सर्वस्थान में मिलेगा प्रभु सारंगपाणि।
नानक का कथन है हीरा ही बेधेगा हीरे को, माला बन कंठ में शोभित हो जायेगा।

(*1090*)

: 148 :

एक ही मार्ग है, भय और भोलापन मन में बसाओ।
अति डाह में घना दुःख है, मन, वचन, कर्म तीनों हो जाते भ्रष्ट।

(*1090-91*)

: 149 :

असहनीय को सहन करें, नव-कुल हैं बन्धु; प्राण जब करते प्रभु-पूजा, स्थिर हो जाता है तन।
कहाँ से आया, कहाँ जायेगा, क्या चिंता? जीवन और मरण में वह सदा मान्य हैं।
हुकम को समझा है, तत्त्व पहचाना है, यह सब जाना है गुरु के प्रसाद से।
नानक का कथन है जो कहता है, 'मैं हूँ' वह पकड़ा जायेगा।
जो कहता है, 'मैं नहीं हूँ' वह नहीं भटकेगा आवागमन में।

(*1289*)

भाग – चार

अनुचित साधन

झूठा अगुआ

: 150 :

जा हउ नाही ता किआ आखा किहु नाही किआ होवा ॥
कीता करणा कहिआ कथना भरिआ भरि भरि धोवाँ ॥
आपि न बुझा लोग बुझाई ऐसा आगू होवाँ ॥
नानक अंधा होइ के दसे राहै सभसु मुहाए साथै ॥
अगै गइआ मुहे महि पाहि सु ऐसा आगू जापै ॥2॥

वार माझ पउड़ी 6 सलोक

: 151 :

अंधा आगू जे थीऐ किउ पाधरु जाणैं ॥
आपि मुसैं मति होछीऐ किउ राहु पछाणै ॥
किउ राहि जावै महलु पावै अंध की मति अंधली ॥
विणु नाम हरि के कुछ न सूझै अंधु बूडो धंधली ॥
दिनु राति चानणु चाउ उपजै सबदु गुर का मनि बसै ॥
करि जोड़ि गुर पाहि करि विनंती राहु पाधरु गुर दसै ॥6॥

सूही छन्त

मूर्तिपूजा

: 152 :

हिन्दू मूले भूले अखुटी जाही ॥ नारदि कहिआ सि पूज कराही ॥
अंधे गुंगे अंध अंधारु ॥ पाथरु ले पूजहि मुगध गवरि ॥
ओहि जा आपि डुबे तुम कहा तरणहारु ॥2॥

वार विहागड़ा पउड़ी 20 सलोक

: 153 :

घरि नाराइणु सभा नालि ॥ पूज करे रखै नावालि ॥
कुगू चंनणु फुल चडाए ॥ पैरी पै पै बहुतु मनाए ॥
माणूआ मंगि मंगि पैन्है खाइ ॥ अंधी कंमी अंध सजाइ ॥
भुखिआ देह न मरदिआ रखै ॥ अंधा झगड़ा अंधी सथै ॥1॥

वार सारंग पउड़ी 9, सलोक

: 150 :

जब मैं नहीं हूँ तो मैं क्या कहूँ? जब मैं कुछ नहीं, तो क्या हूँगा?
उसने जो किया, वह मेरा कर्म है, उसने जो कहा; वही मेरा कथन है, मल से भरा, भर भर कर धोता हूँ।
स्वयं नहीं जानता, लोंगो को देता हूँ ज्ञान; ऐसा मैं अगुआ हूँ।
नानक का कथन है जो स्वयं अंधा करता है मार्ग-निर्देश, वह सभी साथियों की लुटिया डुबोयेगा।
परलोक में वह बेभाव की खायेगा, ऐसे नेता की ऐसी ही दशा होती है।

(*140*)

: 151 :

अगुआ यदि अन्धा हो, मार्ग कैसे जानेगा?
ओछी है मति, वह स्वयं ठगा जायेगा, कैसे पहचानेगा मार्ग?
कैसे चलेगा मार्ग पर, कैसे पायेगा महल? अन्धे की मति अन्धी।
हरिनाम के बिना कुछ सुझाई नहीं देता, अन्धा डूबेगा धन्धों में।
गुरु का शब्द मन में बस जाये, तो उपजेगा दिन रात–मन में चाव और प्रकाश।
हाथ जोड़कर गुरु से विनती करो, गुरु ही बतायेगा तुम्हें मार्ग।

(*767*)

: 152 :

हिन्दू भूल गये, भूल गये, जा रहे कुमार्ग पर; जैसे कहा नारद ने, वैसे ही करते हैं पूजा।
मुग्ध गँवार पूजते हैं पाषाण, जो अन्धा और बहरा स्वयं गहन अन्धकार में।
वह जो स्वयं डूब जाता, तारक वह कैसा तुम्हारा?

(*556*)

: 153 :

घर में नारायण, संग सब सभासद; करता है पूजा, रखता है उन्हें नहलाकर।
केशर, चन्दन और फूलों की भेंट; चरण-वन्दन द्वारा उन्हें करता प्रसन्न।
तो भी, मानवों से भिक्षा ले पहनता है, खाता है; अन्धे कर्मों का अन्धा दण्ड।
यह मूर्तिमाला, भूखे को अन्न नहीं दे सकती, मरते की रक्षा कर नहीं सकती।
अन्धों की सभा में चलता ही रहता अन्धा झगड़ा।

(*1240*)

निरर्थक रीति-रिवाज

: 154 :

जे मोहाका घरु मुहै घरु मुहि पितरी देइ ॥
अगै बसतु सिञाणीऐ पितरी चोर चरेइ ॥
बढीअहि हथ दलाल के मुसफी एह करेइ ॥
नानक अगै सो मिलै जि खटे घाले देइ ॥1॥ *वार आसा पउड़ी 11, सलोक*

: 155 :

दीवा मेरा एकु नाम दुखु विचि पाइआ तेलु ॥
उनि चानणि ओहु सोखिआ चूका जम सिउ मेलु ॥1॥
लोका मत को पकड़ि पाइ ॥
लख मड़िआ करि एकठे एक रती ले भाहि ॥1॥रहाउ॥
पिंडु पतलि मेरी केसउ किरिआ सचु नामु करतारु ॥
ऐथै ओथै आगै पाछै ऐहु मेरा आधारु ॥2॥
गंग बनारसि सिफति तुमारी नावै आतम राउ ॥
सचा नावणु तां थीऐ जां अहिनिसि लागै भाउ ॥3॥
इकि लोकी होरु छमिछरी ब्राहमणु वटि पिंडु खाइ॥
नानक पिंडु बखसीस का कबहुँ निखूटसि नाहि ॥4॥12॥32॥ *आसा*

: 156 :

जे करि सूतकु मंनीऐ सभ तै सूतकु होइ ॥
गोहे अतै लकड़ी अंदरि कीड़ा होई ॥
जेते दाणे अंन के जीआ बाझु न कोइ ॥
पहला पाणी जीउ है जितु हरिआ सभु कोइ ॥
मृतकु किउ करि रखीऐ सूतकु पवै रसोइ ॥
सूतकु किउ करि रखीऐ सूतकु पवै रसोकू ॥
नानक सूतकु एव न उतरै गिआनु उतारै धोइ ॥1॥
मन का सूतकु लोभु है जिह्वा सूतकु कुड़ु ॥
अखी सूतकु वेखणा पर तृअ परधन रूपु ॥
कंनी सूतकु कनि पै लाइतबारी खाहि ॥
नानक हंसा आदमी बधे जमपुरियाँ जाहि ॥2॥
सभो सूतकु भरमु है दूजै लगै जाइ ॥
जंमणु मरणा हुकमु है भाणै आवै जाइ ॥
खाणा पीणा पवित्रु है दितोनु रिजकु संबाहि ॥
नानक जिनी गुरमुखि बुझिआ तिन्हा सूतकु नाहि ॥3॥ *वार आसा पउड़ी 18 सलोक*

: 154 :

यदि कोई लुटेरा, लूट ले किसी का घर।
चोरी का माल दे दे पितरों के निमित्त, परलोक में वस्तु पहचान ली जायेगी।
पितर बन जायेंगे चार, काट दिये जायेंगे दलाल के हाथ, ऐसा होगा न्याय।
नानक का कथन है, मिलता है वही परलोक में, जो कमाया जाता है श्रम से और दिया जाता है दान में। *(472)*

: 155 :

दीपक है मेरा एक नाम, इसमें डाला है दुःख का तैल।
दीपक ने दिया प्रकाश, तैल सब सूख गय, चुक गया यम से मिलन।
लोगों मत चलाओं फोकट रीति।
लाखों काण्ठ-खण्ड एकत्र, एक लघु चिंगारी उन्हें जला सकती है।
मेरा पिण्ड-पत्तल केशव है, क्रिया-कर्म सत्यानाम, कर्त्तार।
यहाँ, वहाँ, आगे, पीछे, यहीं मेरा आधार।
तेरा स्तवन मुझे लगता है गंगा और बनारस; इसमें ही करती है मेरी आत्मा स्नान।
सच्चा स्नान तभी होता है यदि अहिनिशि मैं तेरे प्रेम में लीन रहूँ।
पिण्ड कुछ देवताओं के निमित्त, कुछ पितरों के निमित्त, ब्राह्मण बनाते हैं और खा जाते हैं।
नानक का कथन है, पिण्ड उसके प्रसाद का अक्षुण्ण है। *(358)*

: 156 :

सूतक यदि मानें, सूतक है सब जगह।
उपले और लकड़ी के अन्दर हैं कीड़े।
जितने भी दाने अनाज के, जीवों से रहित कोई नहीं।
पानी स्वयं जीव है जिससे हरियाली सब।
सूतक रसोई में; सूतक से कैसे छुटकारा?
नानक का कथन है इस प्रकार सूतक नहीं उतरती, ज्ञान से धुल जाती, ज्ञान से उतरती।
मन का सूतक है लोभ, जिह्वा का सूतक झूठ।
आँखों का सूतक है देखना परनारी, परधन, पररूप।
कानों पर सूतक है निन्दा और चुगली।
नानक का कथन है–बाँध लिये जाते ऐसे मनुष्य और यमपुरी ले जाये जाते।
भ्रम है सभी सूतक का विचार, उन्मुख हो जाते हम द्वैत की ओर।
जन्म और मरण तो हुकम है, प्रभु की इच्छानुसार जीव आता जाता है।
खान-पान पवित्र है, उसी ने दिया सब पेट भरने के लिये।
नानक का कथन है गुरु के उपदेश से जिन्हें ज्ञान मिला है, उन्हें सूतक नहीं होता।

(472-73)

: 157 :

नावण चले तीरथी मनि खोटै तनि चोर ॥
इकु भाउ लथी नातिआ दुइ भा चड़ीअसु होर ॥
बाहरि धोती तूमड़ी अंदरि बिसु निकोर ॥
साथ भले अणनातिआ चोर सि चोरा चोर ॥2॥

वार सूही पउड़ी 18 सलोक

: 158 :

सूइने का चउका कंचन कुआर ॥ रुपे कीआ कारा बहुतु बिसथारु ॥
गंगा का उदक करंते की आगि ॥ गरुड़ा खाणा दुध सिउ गाडि ॥1॥
रे मन लेखै कबहु न पाइ ॥ जामि न भीजै साच नाइ ॥1॥रहाउ॥
दसअठ लीखै होबहि पासि ॥ चारे वेद मुखागर पाठि ॥
पुरबी नावै वरनाँ को दाति ॥ वरत नेम करे दिन राति ॥2॥
काजी मुलाँ होवहि सेख ॥ जोगी जंगम भगवे भेख ॥
को गिरही करमा की संधि ॥ बिनू बूझे सभी खड़ीअसि बंधि ॥3॥
जेते जीग्र लिखी सिरि कार ॥ करणी उपरि होवगि सार ॥
हुकमु करहि मूरख गवार ॥ नानक साचे के सिफति भंडार ।4॥

बसंतु

: 159 :

धृगु तिना का जीविआ जि लिखि लिखि बेचहि नाउ ॥
खेती जिन की उजड़ै खलवाड़े किआ थाउ ॥
सचै सरमै बाहरै अगै लहहि न दादि ॥
अकलि एह न आखीऐ अकलि गवाईऐ बादि ॥
अकली साहिबु सेवीऐ अकली पाईऐ मानु ॥
अकली पढ़ि कै बुझीऐ अकली कीचै दानु ॥
नानकु आखै राहु एहु होरि गलाँ सैतातु ॥1॥

वार सारंग पउड़ी 20 सलोक

: 160 :

गिआन बिहूणा गावै गीत ॥ भुखे मुला घरे मसीति ॥
मखटू होइकै कंन पड़ाए ॥ फकरु करे होरु जातु गवाए ॥
गुरु पीरु सदाए मंगण जाइ ॥ ता कै मूलि न लगीऐ पाइ ॥
घालि खाइ किछु हथहु देइ ॥ नानक राहु पछाणहि सेइ ॥1॥

वार सारंग पउड़ी 22 सलोक

: 157 :

नहाने के लिए चले तीर्थों की ओर, मन से खोटे, तन के चोर।
नहाने से उतरी जितनी भी मैल, उससे भी दुगुनी और चढ़ गई।
तोमड़ी को बाहर से कितना भी धो डालो, उसके अन्दर तो खालिस विष भरा है।
स्नान के बिना भी साधु साधु ही है, स्नान के बाद चोर कुछ अधिक चोर। (*789*)

: 158 :

स्वर्ण का चौका, स्वर्ण के पात्र, रूपे की रेखायें बहुत विस्तृत।
गंगा का जल, अरण्य की अग्नि; दूध में डूबा चावल का भोजन।
रे मन ऐसी शुचिता से क्या होगा, जब तक नहीं लगता मन सत्यनाम में।
अठारह पुराण लिखित रूप में पास हों, चारों ही वेदों का पाठ हो मुखाग्र।
पर्वस्नान हो, वर्णानुसार दान हो, दिन-रात पालन हो व्रत-नियमों का।
काजी, मुल्ला या शेख हों, भगवे वेष में योगी या जंगम हों।
अथवा गृहस्थ हों कर्मों की सन्धि में, प्रभु को नहीं जाना तो सब बाँध लिये जायेंगे।
जितने हैं जीव, उतने ही कर्म उन के मस्तक पर लिखित, कर्मों पर निर्णय होगा।
जो चलाते दूसरों पर हुकम, वे मूर्ख गँवार है; नानक का कथन है खोज लो प्रभु को गुणों का भाण्डार।

(*1169*)

: 159 :

धिक् धिक् उनका जीवन जो लिख लिख कर बेचते हैं नाम।
जिनकी खेती ही उजड़ गई, उन्हें खलिहान में स्थान कहाँ?
जिनके पास न सत्य न शर्म, परलोक में उन्हें कहाँ मिलेगा आदर?
बुद्धिमान कैसा जो–बुद्धि को गँवा दे विवाद में?
बुद्धि से होती है स्वामी की सेवा, बुद्धि से मिलता सम्मान।
बुद्धि से ही पढ़ते हैं, पढ़कर उसे जानते हैं, बुद्धि से ही करते हैं दान।
नानक का कथन है यही एक मार्ग है, शेष जितनी भी बातें मार्ग है शैतान का।

(*1245*)

: 160 :

ज्ञान से शून्य स्वयं गाता है गीत, मुल्ला है भूखा, उसने घर में ही बना ली मसीत।
जीविका कमा न पाये, कान फड़वा लिये; बन गये फकीर, मान-मर्यादा गँवा ली।
गुरु पीर कहलाये, और गये मांगने के हेतु; ऐसे गुरु पीर के पैर कदापि न छुओ।
परिश्रम करो, स्वयं खाओ और दान भी दो, नानक का कथन है ऐसे ही व्यक्ति प्रभु-मार्ग पहचानते हैं। (*1245*)

: 161 :

गऊ बिराहमण कउ करु लावहु गोबरि तरणु न जाई ॥
धोती टिका तै जपमाली धानु मलेछां खाई ॥
अंतरि पूजा पड़हि कतेबा संजमु तुरका भाई ॥
छोडीले पाखंडा ॥ नाभि लइऐ जाहि तरंदा ॥1॥

वार आसा पउड़ी 16 सलोक

: 161 :

गुरु और ब्राह्मण पर लगाते होकर, गोबर से पार न उतर पाओगे।
धोती है, टीका है और जपमाला है, खाते हो मलेच्छ का दिया धान्य।
घर में करते हो पूजा, बाहर पढ़ते हो कुरान, रीति-नीति सभी तुरकों की।
छोड़ दो पाखण्ड, नाम लेने से ही उतरते हैं पार।

(*471*)

भाग – पाँच

आत्मोन्नति के लिए पारिवारिक जीवन का त्याग अपेक्षित नहीं

सचि सिमरिऐ होवै परगासु। ताते बिखिआ महि रहै उदासु ॥
सतिगुर की ऐसी बडिआई। पुत्र कलत्र विचे गति पाई ॥2॥3॥4॥[1]

धनासरी

1. *सत्य के स्मरण से होता मन में प्रकाश, विषयों से घिरा भी वह रहता निर्लिप्त।*
सद्गुरु की है ऐसी महिमा, पुत्र और पत्नी के साथ-साथ रहते भी मुक्ति मिल जाती है।

स्त्री नीच नहीं

: 162 :

भंडि जमीऐ भंडि निमीऐ भंडि मंगणु वीआहु ॥
भंडहु होवै दोसती भंडहु चलै राहु ॥
भंडु मुआ भंडु भालीऐ भंडि होवै बंधानु ॥
सो किउ मंदा आखीऐ जितु जंमहि राजान ॥
भंडहु ही भंडु उपजै भंडै बाझु न कोइ ॥
नानक भंडै बाहरा एको सचा सोइ ॥
जितु मुखि सदा सालाहीऐ भागा रती चारि ॥
नानक से मुख ऊजले तितु सचे दरबारि ॥2॥ ***वार आसा पउड़ी 19 सलोक***

त्याग
(योगियों के साथ चर्चा)

: 163 :

दुनीआ सागरु दुतरु कहीऐ किउकरि पाईऐ पारो ॥
चरपटु बोलै अउधू नानक देहु सचा बीचारो ॥
आपे आखै आपे समझै तिसु किआ उतरु दीजै ॥
साचु कहहु तुम पारगरामी तुझु किआ बैसणु दीजै ॥4॥
जैसे जल महि कमलु निरालम मुरगाई नैसाणे ॥
सुरति सबदि भवसागरु तरीऐ नानक नामु बखाणे ॥
रहहि इकांति एको मनि बसिआ आसा माहि निरासो ॥
अगमु अगोचरु देखि दिखाए नानकु ता का दासो ॥5॥ ***रामकली सिध गोसटि***

: 164 :

हाटी बाटी रहहि निराले रूखि बिरखि उदिआने ॥
कंद मूलु अहारो खाईऐ अउधू बोलै गिआने ॥
तीरथि साईऐ सुखु फलु पाईऐ मैलु न लागै काई ॥
गोरखपूतु लोहारीपा बोलै जोग जुगति विधि साई ॥7॥
हाटी खवाटी नीद न आवै पर घरि चितु न डुलाई ॥
बिनु नावै मनु टेक न टिकई नानक भूख न जाई ॥
हाटु पटणु घरु गुरु दिखाइआ सहजे सचु वापारो ॥
खंडित निद्रा अलप अहारं नानक ततु वीचारो ॥8॥ ***रामकली सिध गोसटि***

: 162 :

नारी से जन्म, हम नारी के गर्भ में ही पलते, नारी से सगाई और ब्याह।
नारी से होती मैत्री जगत् के साथ, नारी से ही वंश चलता है।
नारी मर जाये तो नारी और खोजते हैं, नारी से ही रहती मर्यादा।
नारी के लिये अपशब्द क्यों कहते हो? नारी से जन्म राजाओं का।
नारी से पैदा होती है नारी, नारी के बिना कोई नहीं।
नानक का कथन है, नारी के बिना केवल एक वही सत्य।
जिसके मुख से होता सदा प्रभु-गुणगान, वह भाग्यशाली, शोभाशाली।
नानक का कथन है, उसका मुख उज्जवल सच्चे प्रभु के दरबार में।

(473)

: 163 :

बोले चर्पट अवधूत–हमें बताओ अपना सत्य विचार।
दुनिया समुद्र है दुस्तर, इसे पार कैसे किया जाये?
उसे मैं क्या उत्तर दूँ, जो स्वयं ही ज्ञाता, स्वयं प्रश्न-कर्त्ता है।
सत्य कहो तुम तो पारंगत हूँ, तुम से विवाद कैसे करूँ?
जैसे जल में कमल रहता निर्लिप्त, पानी में मुरगाबी रहती बिना भीगे।
नानक का कथन है, इसी प्रकार शब्द में सुरति लगाकर, भवसागर करते हैं पार नाम जपते।
रहता है वही एकान्त में, जिसके मन में एक प्रभु बसता है, आशा में रहता वह निराश।
अगम अगोचर प्रभु जो स्वयं देखता है और दिखा देता है, नानक है उसका दास।

(938)

: 164 :

बोले गोरखपुत्र लोहारीपाः हाट और बाट पर रहते हैं न्यारे हम, रहते उद्यान में वृक्षों के नीचे।
कन्दमूल आहार है, ऐसे अवधूत की वाणी में ज्ञान है।
तीर्थस्थान से मिलता है सुखफल, मैल नहीं लगती।
यही है योग की युक्ति।
हाट और बाट पर नींद न आये, पर घर मैं चित विचलित न हो।
नाम के बिना मन स्थिर नहीं होता, भूख नहीं जाती।
हाट और नगर, घर गुरु ने दिखा दिया, सहज ही होता जहाँ सत्य का व्यापार।
खण्डित है निद्रा, अल्प है आहार, नानक वहाँ होता है तत्त्व-विचार।

(928-29)

: 165 :

दरसनु भेख करहु जोगिन्द्रा मुद्रा झोली खिंथा ॥
बारह अंतरि एकु सरबेहु खटु दरसन इक पंथा ॥
इन विधि मनु समझाईऐ पुरखा बाहुड़ि चोट न खाईऐ ॥
नानकु बोलै गुरमुखि बूझै जोग जुगति इव पाईऐ ॥9॥
अंतरि सबदु निरंतरि मुद्रा हउमै ममता-दूरि करी ॥
कामु क्रोधु अहंकारु निवारै गुर कै सबदि सु समझ परी ॥
खिथा झोली भरिपुरि रहिआ नानक तारै एकु हरी ॥
साचा साहिबु साची नाई परखै गुर की बात खरी ॥10॥
ऊँधेउ खपरु पंच भू टोपी ॥ काइआ कड़ासणु मनु जागोटी ॥
सतु संतोखु संजमु है नालि ॥ नानक गुरमुखि नामु समालि ॥

रामकली सिध गोसटि

: 166 :

जोगु न खिआ जोगु न डंडै जोगु न भसम चड़ाईऐ ॥
जोगु न मुंदी मूंडि मुडाइऐ जोगु न सिञी वाईऐ ॥
अंजन माहि निरंजनि रहीऐ जोग जुगति इब पाईऐ ॥1॥
गली जोगु न होई ॥ एक दृष्टि करि समसरि जाणै जोगी कहीऐ सोई ॥1॥ रहाउ॥
जोगु न बाहरि मड़ी मसाणी जोगु न ताड़ी लाईऐ ॥
जोगु न देसि दिसंतरि भविऐ जोगु न तीरथि नाईऐ ॥
अंजन माहि निरंजनि रहीऐ जोग जुगति इव पाईऐ ॥2॥
सतिगुरु भेटै ता सहसा तूटै धावतु वरजि रहाईऐ ॥
निभरु झरै सहज धुनि लागे घर ही परचाा पाईऐ ॥
अंजन माहि निरंजनि रहीऐ जोगु जुगति इव पाईऐ ॥3॥
नानक जीवतिआ मरि रहीऐ ऐसा जोगु कमाईऐ ॥
वाजे बाझहु सिंञी वाजै तउ निरभउ पदु पाईऐ ॥
अंजन माहि निरंजनि रहीऐ जोग जुगति तउ पाईऐ ॥4॥1॥8॥

सूही

: 165 :

योगी कहने लगा—मुद्रा, झोली और गुदड़ी, योगी का दर्शन-वेश; इसे धारण करो।
बारह है योग-मन्त्र, एक सेवन करो, छः दर्शनों में यही श्रेष्ठ पंथ है।
हे पुरुष, मन को समझाने की यही एक विधि है, होगा नहीं पुनः यम का प्रहार।
नानक कहने लगेः गुरुमुख समझ जायेगा, योग की युक्ति यों पाते हैंः
अन्तर जो शब्द वही है निरन्तर मुद्रा, अहंकार-ममता को दूर कर देता है।
गुरु के शब्द का होता जब ज्ञान, काम, क्रोध, अहंकार दूर हो जाते हैं।
प्रभु भरपूर हैं, वही हैं झोली और गुदड़ी, एक हरि का ही नाम पार कर देता है।
हे पुरुष—सत्य है स्वामी, सत्य है नाम, यह है खरी गुरु की बात।
मन को संसार से हटाना ही खप्पर है, पंचभूत टोपी हैं; काया कटासन है, मन जागोटी है।
दया, सन्तोष, संयम भी साथ रहे, नानक का कथन है, गुरु के द्वारा नाम हृदय मैं वसा ले।

(939)

: 166 :

योग न गुदड़ी में न दण्ड में, योग न भस्म रमाने में, मुद्रा से योगी नहीं होता।
योग न मूँड मूँडाने में, योग न श्रृंग बजाने में।
रहें निरंजन-सम अंजन में, योग-युक्ति यों पाते हैं।
योग न बातों से होता है, समदर्शी, समवर्ती हो जा, योगी उसे ही कहते हैं।
योग न बाहर मठ मसान में, योग न ध्यान लगाने में।
देश-देशन्तर भ्रमण से भी योगी नहीं होता, योग न तीर्थ नहाने में।
रहें निरंजन-सम अंजन में, योग युक्ति यों पाते हैं।
सत्गुरु मिले तो संशय चूके, भटक रहा मन रुक जाता।
निर्झर झरती सहज ध्वनि में मन लग जाता, घर से ही परिचय मिल जाता।
रहें निरंजन-सम अंजन में, योग-युक्ति यों पाते हैं।
नानका का है कथन कि, जीवन्मृत हो जायें, ऐसा योग कमायें।
बिना वाद्य के श्रृंग बज उठे, तो निर्भय पद पायेंगे।
रहें निरंजन-सम अंजन में, योग-युक्ति तब पायेंगे।

(730)

भाग – छह

तत्कालीन सामाजिक एवं राजनीतिक परिस्थितियाँ

कादि कूड़ बोल मलु खाई। ब्राह्मण नावै जीआ घाई ॥
जोगी जुगति न जाणै अन्धु। तीने ओजाड़े का बन्धु ॥2॥5॥1॥[1]

धनासरी

1. *काजी बोलता है झुट, खाता है घूस, ब्राह्मण करता है स्नान जीव-हत्या के उपरान्त। योगी है अन्धा, जानता नहीं योग की युक्ति, तीनों ही पतन के बन्धु।*

: 167 :

सती पापु करि सत कमाहि ॥ गुर दीखिआ घरि देवण जाहि ॥
इसतरी पुरखै खटिऐ भाउ ॥ भावै ऋावउ भावै जाउ ॥
सासतु वेदु न मानै कोई ॥ प्रापो आपै पूजा होइ ॥
काजी होई कै बहै निआइ ॥ फेरे तसबी करे खुदाइ ॥
वढी लैकै हकु गवाए ॥ जेको पुछै ता पड़ि सुणाए ॥
तुरक मंत्रु कनि रिदै समाहि ॥ लोक मुहावहि चाड़ी खाहि ॥
चउका दे कै सुचा होइ ॥ ऐसा हिन्दू बेखहु कोइ ॥
जोगी गिरही जटा विभूत ॥ आगै पाछै रोवहि पूत ॥
जोशु न पाइआ जुगति गवाई ॥ कितु कारणि सिरि छाई पाई ॥
नानक कलि का एहु परवाणु ॥ आपे आखणु आपे जाणु ॥1॥

वार रामकली सलोक 1 पउड़ी 11

: 168 :

आदि पुरख कउ अलहु कहीऐ सेखाँ आई वारी ॥
देवल देवतिआ करु लागा ऐसी कीरति चाली ॥5॥
कूजा बाँग निवाज मुसला नील रूप बनवारी ॥
घरि घरि मीआ सभनाँ जीआँ बोली अवर तुमारी ॥6॥

बसन्त हिंडोल असटपदीआ

: 169 :

कलि होई कुते मुही खाजु होवा मुरदारु ॥
कुड़ु बोलि बोलि भउकणा चूका धरमु बीचारु ॥
जिन जीवंदिआ पति नहीं मुइआ मंदी सोइ ॥
लिखिआ होवै नानका करता करे सु होइ ॥1॥
रंना होईआ बोधीआ पुरस होए सईआद ॥
सीलु संजमु सुच भंनी खाणा खाजु ऋहाजु ॥
सरमु गइआ घरि आपणै पति उठि चली नालि ॥
नानक सचा एकु है अउरु न सचा भालि ॥2॥

वार सारंग पउड़ी 14 सलोक

: 170 :

हरिणाँ बाजाँ तै सिकदाराँ एन्हा पढ़िआ नाउ ॥
फांधी लगी जाति फहाइनि अगै नाहीं थाउ ॥

: 167 :

दानी पाप कमाते, करते दान; दीक्षा देने गुरु शिष्यों के घर जाते हैं।
स्त्री का प्रेम पुरुष के धन से; पुरुष भले ही घर आये या न आये।
शास्त्र वेद को कोई न माने; सभी आत्म-पूजा में रत हैं।
काजी करते न्याय; फेरें तसबीह, लेते नाम खूदा का।
रिश्वत लेकर करते हनन सत्य का; प्रश्न करें तो पुस्तक पढ़कर हमें सुना देते।
तुरक-मन्त्र कानों में और हृदय में; लोगों को ठगवाते, यही कमाई उनकी।
इस पर चौका देकर शुचि होते; ऐसे हिन्दू की ओर निहारो।
योगी जटा विभूति सहित गृहस्थ है; आगे पीछे रोती है सन्तान।
योग न पाया, युक्ति गँवाई; क्यों डाली थी सिर में राख।
नानक का कथन कि है कलियुग का यह लक्षणः जो कहते हैं, वही जानते।

(*951*)

: 168 :

शेखों की बारी आ गई, आदि-पुरुष कहलाया अल्लाह।
देवालयों पर कर लगा, कैसी रीति चली।
दस्तावार, निमाज, मुसल्ला ही प्रधान हैं, नील-रूप बनवारी।
घर घर इक दूजे से कहते सभी 'मियाँ', बोली बदल गई।

(*1191*)

: 169 :

कलियुग ककरमुख हो बैठा, खाता है मुरदार।
सभी बोलते झूठ, भौकते, धर्म-विचार चुका।
जीवित का सम्मान नहीं कोई, जब मरें तो पीछे छोड़ जायेंगे अपनी बदनामी।
जो कुछ लिखा भाग्य में, होगा, नानक का है कथन, कर्त्ता जो करता वह होता।
नारी है मतिहीन, पुरुष सैयाद।
शील, स्वच्छता, संयम नष्ट हुए, जो अखाद्य था वही खाद्य अब।
लज्जा छिप बैठी अपने घर, उसके साथ गया आत्म-सम्मान।
नानक का है कथन कि सच्चा एक वही है, और कोई सच्चा मत खोजो।

(*1242-43*)

: 170 :

हरिण, बाज, सरदार–इन्हें शिक्षित समझा जाता है।
फन्दा लगा, वहाँ फँसा देते हैं अपनी जाति; कहाँ मिलेगा स्थान इन्हें परलोक में।

सौ पड़िआ पंडितु बीना जिनी कमाणा नाउ ॥
पहिलो दे जड़ अंदरि जंमै ता उपरि होवै छाउ ॥
राजे सीह मुकदम कुते ॥ जाइ जगाइन बैठे सुते ॥
चाकर नहदा पाइन्हि घाउ ॥ रतु पितु कुतिहो चटि जाहु ॥
जिथै जीआँ होसी सार ॥ नकीं वढ़ी लाइतवार ॥2॥

वार मलार पउड़ी 22 सलोक

: 171:

माणस खाणे करहि निवाज ॥ छुरी वगाइनि तिन गलि ताग ॥
तिन धरि ब्राह्मण पूरहि नाद ॥ उना भि आवहि ओई साद ॥
कूड़ी रासि कूड़ा वापारु ॥ कूड़ु बोलि करहि आहारु ॥
सरम धरम का डेरा दूरि ॥ नानक कूड़ु रहिआ भरपूरि ॥
मथै टिका तेड़ि धोती कखाई ॥ हथि छुरी जगत कासाई ॥
नील बसत्र पहिरि होवहि परवाणु ॥ मलेछ धानु ले पूजहि पुराणु ॥
अभाखिआ का कुठा बकरा खाणा ॥ चउके उपरि किसै न जाणा ॥
देकै चउका कढी कार ॥ उपरि आइ बैठे कूड़िआर ॥
मतु भिटै वे मतु भिटै ॥ इहु अंजु असाडा फिटै ॥
तनि फिटै फेड़ करेनि ॥ मेनि जूठै चुली भरेनि ॥
कहु नानक सचु विभाईऐ ॥ सुचि होवै ता सचु पाईऐ ॥2॥

वार आसा पउड़ी 16 सलोक

: 172 :

कलि काती राजे कासाई धरमु पंख करि उडरिआ ॥
कूड़ु अमावस सचु चन्द्रमा दीसै नाही कह चड़िआ ॥
हउ भालि विकुंनी होई ॥ आधेरै राहु न कोई ॥
बिचि हउमै करि दुखु रोई ॥ कहु नानक किनि विधि गति होई ॥1॥

वार माझ पउड़ी 16 सलोक

: 173 :

लबु पापु दुइ राजा महता कुड़ु होआ सिकदारु ॥
कामु नेबु सदि पुछीऐ बहि बहि करे बीचारु ॥
अंबी रयति गिआन विहूणी भाहि भरे गुरदारु ॥
गिआनी नचहि वाजे वावहि रूप करहि सीगारु ॥
उचे कूकहि वादा गावहि जोधा का वीचारु ॥
मूरख पंडित हिकमति हुजति संजै करहि पिआरु ॥

वह शिक्षित, वह पण्डित, वही सयाना, जिसने नाम कमाया ॥
धरती के भीतर जब जड़ जमा जावे, तभी वृक्ष छाया देता है।
राजा, शेर, चौधरी, कुत्ते, शन्ति सहित बैठे सोते लोगों को रहते सदा उठाते और जगाते।
चाकर, नखधारी करते हैं घाव, रक्त-पित्त कुत्ते जाते है चाट।
जीवों का सुख-दुःख जहाँ पूछा जायेगा, वहाँ कौन विश्वास करेगा इन नकटों का। *(1288)*

: 171 :

मानव-भक्षी पढ़े निमाज, और जनेऊ पहनें, छुरी चलाने वाले।
ब्राह्मण नाद पूरते ऐसे लोगों के घर; प्रिय है उन्हें; अपने यजमानों का यह व्यवहार।
झूठी राशि, झूठा व्यापार; झूठा बोलकर करते है आहार।
शरम धर्म ने अपना खेमा उठा लिया; नानक का है कथन कि फैला झूठ हर जगह।
माथे पर टीका, धोती काषाय रंग की; छुरी हाथ में, ये हैं जगत्-कसाई।
नील वस्त्र पहनते कि होवें मान्य; मलेच्छ धान्य लेकर करते पूजा ग्रन्थ पुराणों की।
परभाषा के मन्त्र सहित जो बकरा जिबह किया जाता–
खाते उसका मांस, किन्तु कहते : चौके पर कोई अन्य न आये।
चौका लिया बना, रेखायें खींची; चौके पर बैठै अनृतगामी कहते हैं:
देखो कहीं यह चौका भिट न जाए; अन्न हमारा हो न जाये अपवित्र।
विकृत तन वाले ये कहते हैं दुष्कर्म; मन में जूठन भरी, किन्तु कुल्ला करते हैं।
नानक का है कथन, सत्य का ध्यान धरो; सत्य प्राप्त हो जाये तो शुचि हो जाओगे।

(471-72)

: 172 :

कलियुग छुरी, राजे कसाई, धर्म उड़ गया पंख लगाकर।
झूठ अमावस्या छाई है, सत्य चन्द्रमा कहीं न दिखता, कहाँ उदय है?
खोज खोज कर व्यथित हुआ मैं; अन्धकार में कोई मार्ग नहीं है।
अंहकारवश सभी कर्मरत, सभी दुःखी रोते हैं; नानक पूछ रहे : मुक्ति का कौन ढंग है?

(145)

: 173 :

लोभ-पाप हैं दोनों राजा और वजीर, झूठ है सिक्कादार।
काम है नायब, सभी बुलाये जाते, परामर्श के हेतु, सभी बैठकर करते सोच विचार।
ज्ञानविहीन प्रजा अन्धी है, घूस का ईंधन डाल, प्रजा भड़काती नित्य तृष्णाग्नि को।
ज्ञानी नाचें, वाद्य बजायें, करें रूप-शृङ्गार।
ऊँचे स्वर से योद्धाओं की कलह-कथाओं गाते रहते।
पण्डित भी है मूर्ख वाद-विवादों में पटु, धूर्त, धन-संचय से करते प्रेम।

धरमी धरमु करहि गावावहि मंगहि मोख दुआरु ॥
जती सदावहि जुगति न जानहि छडि बहहि घर बारु ॥
सभु को पूरा आपे होवै घटि न कोई आखै ॥
पति परवाणा पिछै पाईऐ ता नानक तोलिआ जापै ॥2॥

वार आसा पउड़ी 11 सलोक

बाबर का आक्रमण
(दूरदर्शिता)

: 174 :

जैसी मै आवै खसम की बाणी तैसड़ा करी गिआनु वे लालो ॥
पाप की जंञ लै काबलहु धाइआ जोरी मंगै दानु वे लालो ॥
सरमु धरमु दुइ छपि खलोए कूड़ फिरै परधानु वे लालो ॥
काजीआ बाणा की गलि थकी अगंदु पड़े सैतानु वे लालो ॥
मुसलमानीआ पड़हि कतेबा कसट महि करहि खुदाइ वे लालो ॥
जाति सनाती होरि हिदवाणीआ एहि भी लेख लाइ वे लालो ॥
खून के सोहिले गवीअहि नानक रतु का कुंगू पाइ वे लालो ॥1॥
साहिब के गुण नानकु गावै मासपुरी विचि आखु मसोला ॥
जिनि उपाई रंगि खाई बैठा देखै वखि इकेला ॥
सचा तो साहिबु सचु तपावसु सचड़ा निआउ करेगु मसोला ॥
काइआ कपड़ु टुकु टुकु होसी हिंदुस्तान समालसी बोला ॥
आवनि अठतरै जानि सतानवै होरु भी उठसी मरद का चेला ॥
सच की वाणी नानकु आखै सचु सुणाइसी सच की बेला ॥2॥3॥5॥

तिलंग

बाबर का आक्रमण
(खेद)

: 175 :

खुरासान खसमाना कीआ हिंदुस्तानु डराइआ ॥
आपै दोसु न देई करता जमु करि मुगलू चड़ाइआ ॥
एती मार पई कुरलाणे तैं की दरदु न आइआ ॥1॥
करता तूँ सभना का सोई ॥ जे सकता सकते कउ मारे ता मनि रोसु न होई ॥1॥ रहाउ॥

धर्म-परायण धर्म करें, ताकि लोग करें गुणगान, धर्म-कर्म के बदले मांगे मोक्ष-द्वार।
कहलाते यति, युक्ति न जानें, घर-परिवार त्याग देते हैं।
अपने को सब पूर्ण समझते, कोई नहीं कहता कि मुझ में कोई त्रुटि है।
नानक का है कथन, तराजू के पलड़े में है इज्जत का बाट।
इस पर पूरे तुल जाओ, तुम तभी पूर्ण हो।

(***468-69***)

: 174 :

जैसी है प्राप्त मुझे, स्वामी की वाणी, वैसा ही ज्ञान तुझें, लालो मैं दूँगा।
आ रहा काबुल से पाप की बारात लेकर, बलपूर्वक मांगेगा कन्या का दान।
शरम और धर्म दोनों छिप जायेगा, झूठ छा जायेगा, मुखिया बन जायेगा ॥
काजी और ब्राह्मण की बात होगी समाप्त, अब व्याह करायेगा शैतान।
मुसलमान बीबियाँ पढ़ेगी कुरान, कष्ट में कहेंगी : या खुदा, या अल्लाह ॥
हिन्दू महिलायें उच्च और नीच वर्णों की, उनकी भी यही दशा होगी।
नानक का कथन है खून के सोहिले अब गाये जायेंगे, रक्त का केशर-ज्यों छिड़काव होगा।
इसी मांस पुरी में, नानक गायेगा, स्वामी की गुण-गाथा।
जिसने उत्पन्न की रंगा-रंग यह सृष्टि, देखता है इसे स्वयं बैठकर अकेला।
सच्चा वह स्वामी, उसका न्याय भी सच्चा, इस समस्या का होगा निदान सत्य।
काया का कपड़ा हो जायेगा शीर्ण, सदा स्मरण करेगा मेरे वचन हिन्दुस्तान।
आये त्र्यठतर में, सतानवे में जायेंगे, और भी उठेगा एक मरद का चेला।
नानक कहता है सत्य की वाणी, सत्य की बेला में सत्य ही सुनायेगा।

(***722-23***)

: 175 :

खुरासन को बचाया, भारत को डराया।
अपने पर दोष कर्त्ता नहीं लेता, मुगल को बनाकर यम, भारत में भेज दिया।
इतना संहार हुआ, इतना आर्त्त-अन्दन, तुझे क्या दया न आई?
कर्त्ता, तेरे लिए सभी एक जैसे, शक्तिशाली यदि शक्तिशाली को मारे, तो मन में नहीं होता रोष।
शक्तिशाली सिंह यदि गौओं के झुण्ड को मारे, स्वामी पर उसका दायित्व है।
रत्न सम देश था, कुत्तों ने बिगाड़ दिया, मर गये किसी ने याद तक नहीं किया।
तू मिलन कराता है, तू स्वयं पृथक् करता, यह तेरी महिमा।
सकता सीहु मारे पै वगै खसमै सा पुरसाई ॥

रतन बिगाड़ि बिगोए कुतीं मुइआ सार न कोई ॥
आपे जोड़ि बिछोड़े आपे वेखु तेरी वड़िआई ॥2॥
जे को नाउ धराए वडा साद करे मनि भाणै ॥
खसमै नदरी कीड़ा आवै जेते चुगै दाणे ॥
मरि मरि जीवै ता किछु पाए नानक नामु वखाणे ॥31,5॥39॥

आसा

: 176 :

जिन सिरि सोहनि पटीआ मांगी पाइ संधूरु ॥
से सिर काती मुनीअन्हि गल विचि आवै धूड़ि ॥
महला अंदरि होदीआ हुणि बहणि नि मिलन्ह हदूरि ॥1॥
आदेसु बाबा आदेसु॥
आदि पुरख तेरा अंतु न पाइआ करि करि देखहि वेस ॥1॥ रहाउ ॥
जदहु सीआ वीआहीआ लाड़े सोहनि पासि ॥
हीडोली चड़ि आईआ दंद खंड कीते रासि ॥
उपरहु पाणी वारीऐ भले झिमकनि पासि ॥2॥
इकु लखु लहन्हि बहिठीआ लखु लहन्हि खड़ीआ ॥
गरी छुआरे खांदीआ माणन्हि सेजड़ीआ ॥
तिन्ह गलि सिलका पाईआ तुटन्हि मोतसरीआ ॥3॥
धनु जोबनु दुइ बैरी होए जिन्ही रखे रंगु लाइ ॥
दूता नो फुरमाइआ लै चले पति गवाइ ॥
जे जितु भावै दे वडिआई जे भावै देइ सजाइ ॥4॥
आगे दे जे चेतीऐ तां काइतु मिलै सजाइ ॥
साहां सुरति गवाईआ रंगि तमासै चाइ ॥
बाबरवाणी फिरि गई कुइरु न रोटी खाइ ॥5॥
इकना बखत सुआईअहि इकन्हा पूजा जाइ ॥
चउके विणु हिंदवाणीआ किउ टिके कढहि नाइ ॥
रामु न कबहू चेतिओ हुणि कहणि न मिलै खुदाइ ॥6॥
इकि धरि आवहि आपणै इकि मिलि पुछहि सुख ॥
इकन्हा एहा लिखिआ बहि बहि रोवहि दुख ॥
ओ तिसु भावै सो थीऐ नानक किआ मानुख ॥7॥11॥

आसा असटपदीआ

यदि कोई अपना नाम बड़ा रख ले, स्वेच्छाचारी होकर विलास करे।
स्वामी की दृष्टि में वह मात्र कीट है, चुगता है दाना।
नानक का कथन है, मरकर जो जीता है और नाम जपता है, वहीं कुछ पाता है।

(*360*)

: 176 :

जिन के सिर पर सोहती केश-रचना थी, सिन्दूर मांग में सजता था।
वे सिर कैंची से मुंडित हैं, गले तक मिट्टी उड़कर पड़ी।
वे रहती थी महलों में, अब वे महलों के निकट बैठ नहीं पातीं।
नमस्कार, प्रभु, नमस्कार है।
हे आदि-पुरुष, कोई न जानता तेरा भेद, तू कई वेश रचता औ' देखा करता।
जब इनके हुए विवाह, शोभित थे सुन्दर दूल्हे इन के संग।
पालकियों में चढ़कर आई, पालकियाँ हाथी-दांत जड़ी सुन्दर थी।
सिर ऊपर पानी वार पिया सासों ने, पंखे झिलमिल झिलझिल करते थे।
कई लाख बधाई मिलीं वे जब आ बैठीं, औं लाख बधाई मिली वे जब उठ बैठी।
ये खातीं सदा छुहारे और बादाम, भोगतीं शैय्या का आनन्द।
आज उन्हीं के गले में रस्से डाले गये, टूट गई मोती-मालायें।
धन यौवन जिनके कारण थीं रंग-रलियाँ, वे आज हो गए बैरी।
दूतों को हुकम हुआ, वे उन्हें ले चले, हुई बहुत अपमानित।
प्रभु की इच्छा हो मिलता महिमा-दान, प्रभु की इच्छा से दण्डित भी होते हैं।
यदि पहले से ही सावधान हो जावें, तो दण्डित कभी न हों।
शाहों ने होश गँवाई रँग-रलियों में।
अब घोषित बाबर-राज, अब खाना तक छिन गया राज-कुँवरों का।
खो गया निमाज़ का वक्त, पूजा का समय।
हिन्दू-महिलाओं का चौका है कहाँ? वे कैसे करें स्नान, माथे पर टीका देकर कैसे बैठें?
न कभी राम का नाम लिया, अब नाम खुदा का भी लेना मुश्किल है।
कुछ लौट आये अपने घर, और एक दूसरे से पूछते कुशल-समाचार।
कइयों का भाग्य यही कि बैठे रोया करे, दुःख नहीं कटता।
नानक का है कथन, उसको जो भाता अन्त वही होता है, मानव के वश में क्या?

(*417*)

: 177 :

कहा सु खेल तबेला घोड़े कहा मेरी सहनाई ॥
कहा सु तेगबंद गाडेरड़ि कहा सु लाल कवाई ॥
कहा सु आरसीआ मुह बंके ऐथै दिसाहि नाही ॥1॥
इहु जगु तेरा तू गोसाई ॥ एक घड़ी महि थापि उथापे जरु वंडि देवै भाई ॥1॥ रहाउ॥
कहाँ सु घर दर मंडप महला कहा सु बंक सराई ॥
कहाँ सु सेज सुखाली कामणि जिसु वेखि नीद न पाई ॥
कहा सु पान तंबोली हरमा होईआ छाई माई ॥2॥
इसु जरि कारणि घणी विगुती इनि जर घणी खुआई ॥
पापा बाझहु होवै नाही मुइआ साथि न जाई ॥
जिस नो आपि खुआए करता खुसि लए चंगिआई ॥3॥
कोटी हू पीर वरजि रहाए जा पीरु सुणिआ धाइआ ॥
धान मुकाम जले बिज मंदर मुछि मुछि कुइर रुलाइआ ॥
कोई मुगलु न होआ अंधा किनै न परचा लाइआ ॥4॥
मुगल पठाणा भई लड़ाई रण महि तेग वगाई ॥
ओन्ही तुपक ताणि चलाई ओन्ही हसति चिड़ाई ॥
जिन्ह की चोरी दरगाह फाटी तिन्हा मरणा भाई ॥5॥
इक हिंदवाणी अवर तुरकाणी भटिआणी ठकुराणी ॥
इकन्हा पेरण सिर खुर पाटे इकन्हा वासु मसाणी ॥
जिन्ह के बंके घरी न आइआ तिन्ह किउ रैणि विहाणी ॥6॥
आपे करे कराए करता किस नो आखि सुणाईऐ ॥
दुखु सुखु तैरै भाणै होवै किसथै जाइ रुआईऐ ॥
हुकमि हुकमि चलाए विगसै नानक लिखिआ पाईऐ ॥7॥12॥

आसा असटपदीआ

आदर्श मानव

: 178 :

ऐसे जन बिरले जग अंदरि परखि खाजानै पाइआ ॥
जाति वरन ते भए अतीता ममता लोभु चुकाइआ ॥7॥
नामि रते तीरथ से निरिमल दुखु हउमै मैलु चुकाइआ ॥
नानकु तिन के चरन पखालै जिन गुरमुखि साचा भाइआ ॥8॥7॥

प्रभाती असटपदीआ

: 177 :

कहाँ वे खेल चौगान, अस्तबल, घोड़े? कहाँ भेरियाँ औ' शहनाइयाँ?
कहाँ वे तलवरिये, वे गाड़ी-सैनिक, कहाँ वे लाल कबायें?
कहाँ वे आरसियाँ, बाँके मुख? कुछ भी नहीं दिखाई देता।
यह जग तेरा तू गोसाई; क्षण भर में स्थापित विस्थापित करता, धन वितरण कर देता।
कहाँ वे घर, दर, मण्डप और महल? कहाँ गई वे बङ्क सरायें?
कहाँ गई वे शैय्या-सुख देने वाली कामिनिया, जिन्हें देखकर उड़ जाती थी नींद।
कहाँ हरम? कहाँ तमोलिन और तमोल? कुछ भी यहाँ न दिखता।
धन के कारण घने लोग हुए नष्ट, धन के कारण घने लोग खो बैठे प्रभु का मार्ग।
पाप बिना धन-संचय कभी न होता, मर जाने पर धन साथ कभी न जाता।
जिसको प्रभु स्वयं भ्रमित करना चाहता है, उस से वह सद्गुण सभी छीन लेता है।
जब सुना मीर बाबर ने धावा किया, तब कोटि पीरों ने जादू-टोने किये कि उसको रोकें।
धान मुकाम जले, औ' पक्के मन्दिर भस्मीभूत हुए।
खण्ड खण्ड कर डाले राजकुमार, सब धूलि धसरित हुए।
जादू टोने न करामत दिखलाई, कोई मुगल न अन्धा हुआ।
मुगल पठानों में युद्ध हुआ, रण में तेग चली।
एक ओर बंदूक चली, और उधर से गज-सेना चढ़ आई।
प्रभुलोक में जिनका अवधि-पत्र फट गया, उन्हें मरना ही होगा।
हिन्दुस्तानी औ' तुरकानी, भटियाइन औ' ठकुराइन।
कइयों के फटे वस्त्र सिर से पैरों तक, कइयों ने श्मशान में किया ठिकाना।
जिन के बांके पति लौटकर घर न आये, कैसे बीती उनकी रात?
कर्त्ता स्वयं कराता औ' करता है, किस से फरियाद करें।
दुःख-सुख तेरी इच्छा से होते हैं, अपना रोदन किसे सुनायें।
प्रभु के अनुशासन में सब चलता है, वह इसे देखता, हर्षित होता।
नानक का है कथन—हम अपनों ही कर्मों का फल पाते हैं।

(*417-18*)

: 178 :

ऐसे लोग बिरले, प्रभु जिन्हें परख कर, दाखल कर लेता अपने खजाने में।
वे त्याग चुके जाति-वर्ण का अन्तर, चुक गए ममत्व और लोभ।
वे नामरत निर्मल ज्यों तीर्थ, कट गया अहंकार, दुःख का मल।
नानक पखारता है उनके चरण, गुरु के उपदेश से हो गया सत्पुरुष से प्रेम।

(*1345*)

गोपसंस पेपर्स लिमिटेड, नोयडा द्वारा मुद्रित